EXPOSÉ FIDÈLE

DES FAITS

AUTHENTIQUEMENT PROUVÉS

QUI ONT PRÉCÉDÉ ET AMENÉ

LA JOURNÉE DE BORDEAUX,

AU 12 MARS 1814.

EXPOSÉ FIDÈLE

DES FAITS

AUTHENTIQUEMENT PROUVÉS

QUI ONT PRÉCÉDÉ ET AMENÉ

LA JOURNÉE DE BORDEAUX,

AU 12 MARS 1814;

Par M. J. S. Rollac.

PARIS,

ADRIEN ÉGRON, IMPRIMEUR
DE S. A. R. MONSEIGNEUR, DUC D'ANGOULÊME,
rue des Noyers, n°. 37.

1816.

INTRODUCTION.

Presque toujours les plus grands événemens ont les plus petites causes, qui rarement sont elles-mêmes bien connues, et souvent restent ignorées.

On ne sait pas encore aujourd'hui, on ne sent point assez combien la journée du 12 mars 1814, à Bordeaux, a eu d'influence sur celle du 31 à Paris, sur la restauration du trône : on ignore même, et ceux qui ont préparé cette journée si glorieuse pour Bordeaux, et la manière dont elle fut amenée.

Les puissances coalisées attendaient que la France fît connaître son véritable vœu (1) ; si elle gardait le silence, on pouvait avoir la crainte que le congrès de

---

(1) Tout le monde connaît la proclamation des alliés en entrant en France, en 1814.

Châtillon ne traitât avec l'usurpateur (1); la capitale, qui dans ce cas était menacée de ses plus horribles fureurs, n'osait prendre un parti. Tout était encore incertain, lorsqu'un cri royaliste se fit entendre des bords de la Gironde aux bords de la Seine (2), l'élan de Bordeaux décida celui de Paris : on crut alors et l'on croit encore que ce noble mouvement n'avait été que le fruit de l'inspiration du moment. C'est une grande erreur : au premier aspect, cette erreur augmente le mérite des Bordelais; en y réfléchissant, elle le diminue : elle les expose à voir attribuer à la mobilité et à la vivacité d'idées propres à leur pays, une révolution qui fut vraiment le résultat d'une

---

(1) Voyez l'extrait du discours de lord Liverpool à la Chambre des Pairs, *Pièces justificatives*, n° XVI.

(2) On doit se rappeler la proclamation du prince Blücher, après la journée de Bordeaux. *Français*, y est-il dit, *imitez Bordeaux*, *etc.*

INTRODUCTION. vij

courageuse persévérance dans les mêmes sentimens ; elle les a même exposés à une calomnie que l'on trouve consignée dans un *Rapport inédit* sur les événemens de 1814, rapport qui se trouve à la suite d'une brochure de 1815, ayant pour titre : « *La Duchesse d'Angoulême à* « *Bordeaux, ou Relation circonstan-* « *ciée, etc....* » Ce n'est pas sans indignation qu'on y lit un paragraphe dont il suffit de citer la première phrase, ainsi conçue : « Pour faire compren- « dre pourquoi cette Garde Nationale « était à craindre, je suis forcé de dire « *que la majeure partie des citoyens* « *qui tiennent au Tiers - Etat*, ET « SURTOUT LES NÉGOCIANS, *sont atta-* « *chés au gouvernement de Buona-* « *parte, etc*.!..(1) » Les têtes de ces négocians, et celles du peuple, roulant sur

---

(1) Voyez l'extrait entier de ce Rapport, *Pièces justificatives*, n° XVII.

l'échafaud en 1793 ; dix mille hommes de toute classe, organisés à Bordeaux, dans la formation de l'Institut en 1796, et trente mille dans les départemens de la Gironde et des Landes, tous armés et équipés à leurs frais ; les efforts de ces mêmes hommes en 1803 et 1804, pour renverser Buonaparte; leur enthousiasme en 1814 ; les sacrifices qu'ils firent, ceux que, depuis, ils offrirent de faire, ont déjà assez victorieusement répondu à une injure aussi gratuite ! Lorsqu'il y a environ trois mois, elle fut venue à ma connaissance, j'éprouvai le pressant besoin de la repousser : jusqu'alors je m'étais abstenu de rien écrire pour le public sur nos opérations, parce que M. Taffard de Saint-Germain (on pourra le voir par sa lettre aux *Pièces justificatives*, n° X) m'avait communiqué, dès 1814, le dessein qu'il avait d'éclairer lui-même l'opinion publique, et même je lui avais donné mes notes à cet effet.... Les événemens de

INTRODUCTION.

1815 étaient ensuite venus me faire une loi du silence ; je ne pouvais parler de nos travaux sans nommer tant de braves qui les avaient partagés, c'est-à-dire, sans faire une longue liste de proscription.

Depuis le second retour du Roi, la nécessité où j'étais de parler de moi, en parlant de mes amis, m'avait encore retenu ; enfin, voyant que M. Taffard n'accomplissait point le dessein qu'il m'avait manifesté, les scrupules de la modestie ont dû céder chez moi au devoir de rétablir la vérité dans tous ses droits. Je vais donc prouver que la journée du 12 mars avait été préparée dès long-temps, tout-à-la-fois auprès du cabinet anglais, auprès du Roi de France, et au sein même de Bordeaux, par de fidèles serviteurs ; je dois venger mes concitoyens, injustement outragés ; je veux élever un monument à la gloire de mes amis, en prouvant que, dans aucun temps, les uns et les autres ne cessèrent de travailler pour le retour de leurs souverains légitimes, pour les vrais intérêts de la France; enfin (pour tout dire avec la naïveté d'un honnête homme), je veux que ma famille, dont je fus si long-temps séparé, trouve dans ce récit, comme dans le succès de mon entreprise, le prix de cette séparation; je veux m'assurer la plus glorieuse, la plus douce de toutes les récompenses : celle qu'il n'est point en la puissance humaine de ravir à qui sait servir sans savoir intriguer; celle de léguer à ses enfans, à son pays, à la postérité même, un exemple de plus d'une courageuse et constante fidélité à la justice, à l'honneur.

EXPOSÉ FIDÈLE
DES FAITS
AUTHENTIQUEMENT PROUVÉS
QUI ONT PRÉCÉDÉ ET AMENÉ
LA JOURNÉE DE BORDEAUX,
AU 12 MARS 1814.

Lorsqu'après la mémorable journée de Bordeaux, je vis le Roi rendu à la France, et la France rendue au Roi, un mouvement de fierté, bien pardonnable à un sujet fidèle, se mêla, je l'avoue, aux transports de ma joie, en songeant que je n'avais pas été tout-à-fait étranger à cet heureux événement; et que j'y avais contribué de ma portion d'efforts de bon Français, en présentant, en 1810, à Sa Majesté, à Londres, le plan qui fut suivi, et pour l'exécution duquel je n'avais pas cessé d'être l'intermédiaire du Roi et de ses ministres avec les royalistes de Bordeaux, jusqu'à l'entier accomplissement de nos vœux.

Le plus grand nombre a cru et croit encore aujourd'hui, que le mouvement de Bordeaux, au 12 mars 1814, n'avait été précédé d'aucune combinaison pour le préparer et le déterminer : peu savent que ce fut le Roi lui-même et le Prince-Régent d'Angleterre, qui créèrent et calculèrent ensemble, dans leurs conseils respectifs, les moyens qui devaient amener et qui ont produit ce grand événement, dont l'histoire devra si soigneusement rechercher les causes.

Pour développer avec plus d'ordre et d'impartialité les faits qui se rattachent plus particulièrement à la journée du 12 mars, je ne puis me dispenser de remonter jusqu'à l'origine des assemblées ou sociétés royalistes qui se sont formées à Bordeaux et dans toute la France, dès les premiers temps de la révolution; je dois même le faire, puisque ce sont ces sociétés qui fournissent la preuve de la fidélité que la grande majorité des Français n'a cessé de conserver pour ses rois.

Dès l'année 1791, lorsque, dans le délire de la fièvre révolutionnaire, la faction qui devint régicide se fut emparée de la personne sacrée de Louis XVI, il s'était formé, à Bordeaux, une conjuration en faveur du Roi; elle avait pour but de s'opposer à toutes les entreprises du parti révolutionnaire;

Mais elle ne put lutter long-temps. La terreur était déjà à l'ordre du jour; et ses criminels agens, toujours si actifs, eurent bientôt abattu ou dispersé les royalistes, qui devinrent les victimes de leur premier zèle. En 1793, quand, d'un côté, le crime forçait la religion éplorée à cacher sa ferveur et ses larmes sous un voile impénétrable, et que, de l'autre, il proclamait partout l'arrêt de mort de tous les rois, poussée par le souvenir impérissable du bonheur dont la patrie avait joui à l'ombre de l'autel et du trône, l'élite de la jeunesse bordelaise renouvela la conjuration royaliste, sous le nom de *Société de Belleville*. Elle fut d'abord présidée par le brave *Cornu*, mort victime de son généreux dévouement; ensuite par M. *Ravès*, dont l'éloquence honore encore aujourd'hui le barreau. Cette société, en combattant Marat et ses collègues, voulait détruire le mal dans sa source; mais l'horrible Robespierre, qui succéda à ce monstre, étendant partout son sanglant despotisme, paralysa promptement encore cette société : Bordeaux vit tomber, sous le fer des assassins, trois cent têtes de ses citoyens les plus respectables et les plus puissans. Toutes les réunions honnêtes furent forcées de se dissoudre, de se disperser, jusqu'à ce qu'un moment moins affreux leur permît de se reformer.

De 1794 à 1795, les révolutionnaires, fatigués de leurs propres fureurs, laissèrent un peu respirer les Français fidèles. Ceux-ci, que la persécution attachait d'autant plus fortement à leurs principes, recommencèrent à se réunir au nom du Roi. L'association se renoua, à Bordeaux, sous le nom de *Société du Gouvernement*. Le prétexte dont on convint, fut une souscription de musique, et les assemblées subsistèrent plus long-temps qu'elles n'avaient fait précédemment.

Je m'honore d'avoir été constamment membre de toutes ces sociétés, ou plutôt de n'avoir jamais cessé de faire partie de la conjuration royaliste qui n'a cessé d'exister à Bordeaux, et qui, bien que forcée, à diverses reprises, et par des circonstances impérieuses, à s'ajourner momentanément, s'est toujours reproduite la même, quoique sous des noms divers.

<small>Institut. 1796. etc.</small> Au commencement de 1796, madame *la marquise de Donissan* (1) reçut une lettre d'un de nos princes. MONSIEUR, comte d'Artois, en-

---

(1) Voyez les *Mémoires de madame la marquise de Larochejaquelein*.

gageait cette femme courageuse à entreprendre la réunion de tous les Français fidèles qui, animés d'un véritable patriotisme, brûlaient de le prouver en servant le Roi.

Le dévouement absolu de M`<sup>me</sup>` de Donissan est si connu, qu'il est inutile de rendre compte ici de tous les soins qu'elle se donna pour répondre à la confiance du prince. L'invitation de S. A. R. fut pour elle un ordre de réussir, au péril de sa vie. Toute la conduite de cette femme inimitable est tellement au-dessus de tout éloge, que le silence de l'admiration est le seul tribut d'hommage qui soit digne d'elle.

Madame de Donissan communiqua sa mission importante à MM. *Dudon* père et fils. Elle découvrit alors que le but réel de la Société du Gouvernement était le même que le sien. M. *Dupont-Constant*, Américain de naissance, était à la tête de cette société, et présidait un conseil nombreux. Il était déjà lui-même commissaire secret du Roi; il avait des intelligences dans toutes les provinces. La Société du Gouvernement n'admettait personne que sur la présentation d'un ou deux membres, et sur des preuves indubitables et constantes de fidélité au Roi.

Madame la marquise et son conseil particulier, composé de MM. *Dudon* père et fils; *Degnaud, Magnan, Papin*, et l'*abbé Jagault*, firent, par l'organe du brave et zélé M. *Queyriaux aîné*, des propositions à M. Dupont. Après plusieurs entrevues, on convin' unanimement, qu'en même temps qu'on éclairerait le prince sur la véritable situation de la France, on formerait, à Bordeaux, une nouvelle association, sous le nom d'*Institut philantropique;* que M. Dupont, en sa qualité de commissaire du Roi, en serait le chef civil; et que M. Papin, ex-militaire et alors négociant à Bordeaux, serait général de l'armée royale qu'on se proposait d'organiser. Cet institut eut un conseil intime et secret, un conseil général, et des arrondissemens qui avaient leurs présidens et leurs chefs ; on fit des prospectus; on nomma des commissaires ; la ville fut divisée en trois quartiers ; on forma des ateliers pour fabriquer des armes et des cartouches; enfin on s'occupa d'approvisionnemens de toute espèce : des adjoints furent chargés de faire des réceptions; un état-major fut formé; M. *Emmanuel Labarthe* en fut nommé chef, et M. Queyriaux aîné, secrétaire : ce dernier était aussi aide-de-camp du général. En un mot, rien ne fut oublié pour opérer une organisation complète (1).

M. *Marmajour*, alors commissaire-adjoint, et depuis agent principal de M. *Taffard de Saint-Germain*, pour l'exécution de mon plan, dont le 12 mars 1814 a été le résultat; M. Marmajour, M. *Eyquem* et *moi* nous fûmes chargés de fournir et entretenir les ateliers; moi, des poudres, et ces deux messieurs du reste. J'avais été un des premiers admis au noyau de l'institut, et je fus nommé du conseil de l'état-major. Ma maison devint le point de réunion pour la plupart des réceptions et prestations du serment de fidélité à S. M. Louis XVIII; mes vastes magasins servaient aux revues des compagnies, dont chaque homme avait un nom de guerre et recevait le mot et le signe de reconnaissance dont nous étions convenus.

A l'époque dont je parle il était défendu en France d'acheter des poudres, à moins d'une permission des autorités républicaines. Personne n'osait se charger de cet approvisionnement; moi seul j'eus la témérité d'en courir les risques. Obligé d'acheter ce dangereux article

---

(1) Voyez, *Pièces justificatives*, n° XVIII, l'organisation de l'institut.

des personnes qui le tenaient du Gouvernement, je faisais porter les barils de poudre sur le port, comme pour les expédier au loin, afin d'éviter qu'on pût croire qu'ils entrassent dans mes magasins. Mais je les y faisais arriver ensuite, et j'en faisais passer écriture sur mes livres comme barils de café ; j'ôtais par là toute espèce de soupçon à mes commis. Les poudres restaient donc déposées chez moi, et n'en sortaient que pour passer dans les mains de ceux qui faisaient les cartouches : je distribuais ces dernières au besoin, et à toute heure du jour. Je demeurais alors à la Rousselle, un des quartiers de Bordeaux les plus riches par son commerce. J'avais dans mes magasins une valeur de plus de trois cent mille francs en marchandises : à quels dangers n'étais-je pas exposé ? Une étincelle pouvait faire périr, moi, toute ma famille et tout le voisinage ! Le moindre soupçon pouvait m'attirer une visite domiciliaire, et nous aurions, ma famille et moi, payé de nos têtes notre constante fidélité à nos souverains légitimes !.... Je ne vis rien que la cause sacrée.

L'organisation s'étendait, les approvisionnemens se multipliaient, les préparatifs de toute espèce se faisaient chaque jour ; déjà nous n'attendions plus que l'ordre d'agir à découvert, lorsqu'une ardeur impatiente fit commettre des indiscrétions. La police prit ombrage, observa nos mouvemens, et réussit à trouver parmi nous des membres plus qu'indiscrets. On en vint aux mains: plusieurs chefs furent arrêtés (1); d'autres se cachèrent. Des soupçons donnèrent lieu à des reproches graves entre les chefs civils et militaires; enfin il en résulta une désunion complète, ce qui malheureusement a si souvent paralysé le parti royaliste, et relevé le parti contraire au moment où il allait être abattu. Soit par une déplorable fatalité, soit par les sourdes menées de nos ennemis, soit par la faute de quelques-uns des nôtres, une défiance réciproque divisa l'institut dont les ramifications s'étendaient déjà sur tous les points de la France, et toute l'organisation fut détruite. Ce fut pour le moment un accident bien fatal aux intérêts du Roi et à ceux de la patrie; car l'impéritie du Directoire, la faiblesse du Gouvernement, l'état de déchirement où était la France, tout semblait favorable au retour de l'autorité légitime, et tout tourna au profit d'un usurpateur!... Cependant *il y avait alors dans*

---

(1) Voyez les *Mémoires de madame la marquise de Larochejaquelein*.

les départemens de la Gironde et des Landes trente mille hommes enrégimentés et armés.

1803. etc.

Tant de tentatives infructueuses étaient désespérantes, et quelle que fût l'ardeur individuelle, on demeura dans une apparente apathie générale jusqu'en 1803. L'indignation où l'on fut alors de l'audacieuse proposition que l'usurpateur fit faire au Roi d'abdiquer une couronne (dont, par cette démarche même, il le reconnaissait légitime maître), porta quelques personnes à renouer à Bordeaux les fils de la conjuration royaliste ; elles y furent tout-à-fait résolues, lorsqu'elles apprirent, par MM. *Forestier* et de *Céris*, arrivant d'Angleterre par l'Espagne, la coalition secrète qui se formait entre plusieurs puissances de l'Europe pour renverser Buonaparte, dont l'ambition usurpatrice venait de se mettre à découvert. M. Forestier, en repartant pour Madrid (qui était le point intermédiaire entre Londres et Bordeaux, comme Bordeaux le devenait entre Madrid et la Vendée), et M. de Céris, en allant dans la Vendée s'aboucher avec le général *Duperat*, lièrent et combinèrent nos entreprises avec celles qu'ils savaient devoir être faites par les généraux *Pichegru, Georges Cadoudal*, etc., et en même temps par les Vendéens. Aussi était-ce la Vendée qui devait être le premier et le principal théâtre de nos opérations. Je repris la charge de l'approvisionnement des poudres, et cette fois je les fis passer chez M. Eyquem. Celui-ci, de concert avec M. *Roger* (1), les enfermait dans des sacs de coutil, au milieu de balles de laine, et les expédiait pour la Vendée.

Un événement impossible à prévoir, et qui devait bientôt avoir les plus affreux résultats, vint nous arrêter au milieu de la plus noble et de la plus périlleuse entreprise.

Tandis que M. Roger faisait charger à Bordeaux des poudres pour la destination qui lui était indiquée, le général Dagniaud-Duperat faisait partir de Nantes un convoi considérable de plomb qui paraissait être expédié pour la Rochelle, et qui, dans le fait, devait être déchargé dans la campagne, aux environs de Montaigu. Le charretier ne connaissant pas bien le chemin du lieu où il devait faire son dépôt, M. le chef de division, *Jean-Baptiste Goguet*, se chargea de lui servir de guide; mais au lieu de remplir lui-même jusqu'au bout l'obligation qu'il s'était imposée, il se contenta d'indiquer au conduc-

---

(1) Aujourd'hui colonel d'une division de gendarmerie.

teur le chemin qu'il devait tenir. Cet homme se trompe de route et pour la retrouver, il s'adresse malheureusement au premier individu qu'il rencontre, et plus malheureusement encore, cet individu se trouve être le domestique d'un chaud partisan de Buonaparte. Il montre au trop confiant conducteur le chemin de la *Guionnière*, lieu où il doit décharger sa voiture chez le curé *Jaguenaud*. Mais s'apercevant qu'elle est pesamment chargée et que pourtant les objets qu'elle porte ne sont pas d'un volume considérable, il la suit à une certaine distance, la voit décharger dans la basse-cour du curé, s'assure ainsi de la nature du chargement et va rendre compte à son maître de tout ce qu'il a vu. Celui-ci curieux de savoir ce que deviendra ce plomb, fait garder la maison à vue par ses gens, et de nombreux témoins le voient enterrer dans de profondes fosses, creusées dans le jardin du presbytère. Le prêtre est dénoncé, le juge de paix fait une descente chez lui, y constate l'existence du plomb et instruit le préfet de la Vendée de la découverte qu'il vient de faire. M. le préfet *Merlet* ne donne, en apparence, aucune suite à cette affaire et inspire ainsi au curé Jaguenaud une sécurité telle qu'il la fait partager au commandant de division Goguet. Ce dernier n'en parle à personne, et un événement aussi important par lui-même et par les suites qu'il pouvait, qu'il devait avoir, demeura enseveli dans un profond mystère pour tous les autres chefs de conjurés.... Quelque temps après, l'intrépide Goguet paya de sa tête et son imprudence à l'égard du conducteur et cet impolitique mystère, à l'aide duquel il avait voulu, peut-être, dérober sa faute à la connaissance de ses camarades. Plusieurs d'entre eux furent arrêtés. *Roger* après être resté quinze mois au fort du Hâ, à Bordeaux, fut traduit devant une commission militaire à Nantes. Le général *St. Hubert* parvint à se sauver de la prison trois jours avant celui où il devait passer en jugement. Le brave général *Duperrat* fut condamné à deux ans de prison et y est resté *jusqu'à la restauration*. Le spartiate chevalier *Kérémar*, l'abbé *Jaguenaud*, *Duchesne* et *Chesnier* furent acquittés, après être restés onze mois en prison. MM. *Forestier*, *Papin*, *Céris*, le courageux et infortuné *Pitar Laclothe* (mort de chagrin à Bordeaux, où il était caché depuis son retour d'Angleterre) furent condamnés à mort par contumace, et se sauvèrent en Espagne avec plusieurs autres, et je crus devoir m'y refugier moi-même. J'y restai pendant six mois, et je ne me déterminai à rentrer dans ma patrie, que lorsque je fus bien assuré du courageux silence que Roger avait gardé au sujet des poudres que j'avais fournies.

Ferdinand VII à Bordeaux
1806.Mes amis et moi nous n'eûmes guères d'occasion de prouver notre dévouement à la cause sainte, jusqu'en 1806. A cette époque Ferdinand VII passa à Bordeaux. Je fis une tentative pour le sauver, et ce qu'en dit madame la marquise de Larochejacquelein, dans ses *Mémoires*, m'invite à la raconter un peu plus en détail. L'indignation fut générale dans notre ville, lorsqu'on y vit arriver prisonnier un jeune prince qui, quelques jours auparavant, était accouru librement et de bonne foi au devant des indignes fers que lui préparait son lâche ennemi. Il n'y eut point de parti en quelque sorte pour éprouver un profond sentiment d'intérêt à la vue de ce fils de roi (qui prouve maintenant s'il était fait pour être roi lui-même) séparé de son père, arraché à son pays, à ses armées, entraîné dans un piége affreux par la plus noire perfidie. J'entrepris de le sauver, persuadé que *tirer de l'op-*

pression un seul souverain légitime, c'est réellement servir la cause de tous les princes légitimes. Je proposai à M. *Dias de la Peña*, mon maître de langue espagnole, dont je connaissais les bons sentimens, de m'aider à sauver le prince et à le conduire à la station anglaise. M. Dias me répondit qu'il était tout prêt à se dévouer, si mes moyens étaient sûrs. J'allai trouver mes amis *Taffard de St.-Germain*, *Roger* et *Defeu;* nous convînmes d'un plan, et nous nous adjoignîmes pour l'exécution MM. *Leblanc-Nouguès*, *Moureau fils aîné*, *Théodore Laclothe* et le capitaine *Boisson*, qui depuis s'est si bien conduit lors du séjour de *Madame* à Bordeaux, en 1815. Nous arrêtâmes que lorsqu'un de nous serait de garde au palais qui servait de prison à Ferdinand VII, à son oncle et à son frère, (c'était la garde nationale qui les gardait) il fournirait au prince un habit d'uniforme de la garde nationale; qu'ils sortiraient ensemble du palais, en se tenant sous le bras et paraissant engagés en conversation; qu'ensuite nous partirions tous, pour accompagner le prince, dans une chaloupe de paulliac, laquelle devait le recevoir à Bordeaux, pour le conduire à la station anglaise.

Toutes nos dispositions faites, j'allai retrouver M. Dias, et les lui communiquai. Ce brave homme n'hésita pas. Il se rendit sur-le-champ au palais : la sentinelle lui refusa l'entrée. Il avait prévu ce refus et avait eu la précaution de laisser son chapeau chez une marchande de pain, à la porte du palais. Étant donc nu-tête, il n'eut pas de peine à persuader à la sentinelle qu'il était de la suite de Ferdinand. Il entra, et sans perdre de temps, il alla s'adresser au chambellan du prince. Il lui fit la proposition délicate dont il était chargé. Le chambellan (suivant ce que M. Dias lui-même me rapporta) lui promit que si son roi acceptait, il le ferait avertir le soir même, entre onze heures et minuit. Il lui demanda son nom et son adresse, que M. Dias lui donna, en disant : « c'est mon arrêt de mort « que je remets entre les mains de votre excel- « lence, si elle n'est pas discrète. » A ces mots il se retira et vint me rejoindre aux allées de *Tourny*. Nous nous tînmes tous prêts; mais nous attendîmes en vain : personne n'étant venu, le coup manqua. Ferdinand, son oncle et son frère restèrent au pouvoir du tyran, qui les fit partir le lendemain pour Valençay.

M. Dias, ignorant s'il n'avait pas été compromis

par le chambellan, et craignant d'être arrêté, crut devoir peu de temps après se réfugier à Londres, où il tomba malade de langueur, et mourut. Depuis le moment de mon arrivée dans cette ville jusqu'à sa mort, je ne cessai de le voir journellement. Il m'apprit qu'il avait communiqué toute son affaire à *don Cevallos*, alors ambassadeur d'Espagne, près la cour de Londres, ainsi qu'à M. *le consul*. Il m'est doux de saisir cette occasion pour rendre un hommage public au mérite de ces deux personnages. La conduite qu'ils tinrent envers M. Dias, fait le plus grand honneur à leur patrie et à leur caractère personnel; ils lui prodiguèrent dans sa maladie les preuves de l'intérêt le plus délicat et de la plus tendre amitié. C'est à l'effusion de la reconnaissance de M. Dias envers ses généreux bienfaiteurs que je dois le plaisir de rapporter ce que j'en ai su. Je ne dois pas non plus oublier la conduite de M. *le chevalier Lynch*, frère de M. le maire de Bordeaux, envers cet infortuné. Dès qu'il eut appris ce qui lui était arrivé, animé de sentimens semblables aux miens, M. Lynch m'aida journellement à verser un baume consolateur dans le cœur de cette victime du plus pur royalisme; et jusqu'à ses derniers momens, la généreuse amitié du chevalier Lynch s'occupa de deviner ses besoins pour les satisfaire. La veuve de M. Dias est, je crois, encore à Bordeaux.

Depuis le malheureux événement qui fit échouer nos projets en 1804, les arrestations devinrent si nombreuses dans toute la France, la surveillance de la police se montra si active, que le royalisme, quoique subsistant toujours dans toute sa force et ne soupirant qu'après un moment favorable pour une explosion victorieuse, se vit cependant réduit à une prudente inaction. Chacun parut ne plus s'occuper que de ses affaires personnelles...... C'est en me livrant aux miennes que m'arriva mon affaire de Pampelune; affaire dont madame la marquise de Larochejaquelein rend compte dans ses *Mémoires*, de manière à faire croire qu'elle fut le résultat d'un plan combiné; cependant on va voir qu'elle fut totalement imprévue, et seulement déterminée par mon empressement à saisir une occasion fortuite et singulière de rendre un grand service à deux nations et à deux rois légitimes et infortunés.

Affaire de Pampelune.
1809.

En 1809, les affaires étant absolument nulles à Bordeaux, je formai une société de commerce avec trois habitans de cette ville, MM. *Roger*,

LeblancNouguès fils, et *Paul Devienne*. Notre objet était de lever deux maisons, l'une à Baïonne, l'autre à Madrid. MM. Devienne et Leblanc-Nouguès devaient tenir la dernière : Roger et moi nous étions chargés de l'autre. Nous arrivâmes à Baïonne au mois d'avril 1809. Peu de jours après nos deux associés partirent pour Madrid. Mais ne pouvant supporter le spectacle des horreurs que l'on commettait *forcément* contre la nation espagnole, ils revinrent en France au bout d'un mois. M. Leblanc-Nouguès retourna à Bordeaux. Quelques jours après notre maison fut investie à cinq heures du matin, par six gendarmes déguisés. A leur tête était un commissaire de police, qui s'empara de tous nos livres de commerce, de notre correspondance et de tous nos papiers. On nous conduisit MM. Devienne, Roger et moi chez le commissaire-général. M. Roger était déjà sous la surveillance de la haute-police de Bordeaux, par suite de notre affaire de 1804. Nous subîmes, chacun en particulier, un interrogatoire qui dura deux heures. On nous en fit signer les procès-verbaux. La dénonciation faite contre nous à la haute-police, portait que *nous étions venus à Baïonne dans la seule vue d'avoir une cor-*

respondance facile avec les généraux espagnols du parti de Ferdinand, et avec le gouvernement anglais; et que notre société n'était qu'un prétexte pour couvrir notre correspondance avec l'étranger. L'accusation était fausse; nous n'étions réellement venus à Baïonne que pour faire le négoce et tâcher de réparer les pertes que nous avions éprouvées, par une suite naturelle de notre dévouement, et par l'effet des circonstances malheureuses qui depuis long-temps désolaient et accablaient le commerce en France; cependant on nous remit nos papiers; seulement M. Roger resta soumis à l'obligation de se présenter toutes les semaines chez le commissaire-général de police.

Quoique notre arrestation eût été très-courte, toute la ville en fut instruite; elle nous porta beaucoup de préjudice et ruina tout-à-fait notre crédit. Nous nous décidâmes à vendre toutes nos marchandises pour quitter la France, et aller lever une maison de commerce à Londres, seule ville qui pût désormais nous offrir sûreté. La foire de Pampelune devant avoir lieu sous peu, nous prîmes le parti d'y envoyer nos marchandises, et nous les suivîmes; c'était peu de temps avant l'affaire de Talaveira. Roger demeura à

Bayonne pour soigner la vente de ce qui nous restait. Devienne avait émigré, et il avait servi en Espagne, dans la légion de Saint-Simon : à notre arrivée à Pampelune, il rencontra M. *de Movezin*, avec lequel il s'était trouvé dans l'émigration. Celui-ci se trouvait capitaine des grenadiers de la cohorte nationale de Bordeaux, alors à Pampelune : il confia à M. Devienne *que le mécontentement était général dans l'armée française, à cause de la conduite qu'on la forçait à tenir contre la nation espagnole, et du dénuement absolu où les soldats étaient réduits; qu'ils n'avaient pas été payés depuis huit à dix mois, et que la plupart étaient obligés de voler des serviettes aux Espagnols, pour s'en faire des pantalons.* Il ajouta que sa cohorte, qui faisait toute la garnison, avait été d'abord *de quinze cents hommes ;* mais que, depuis un mois, il en était tant déserté avec armes et bagages, qu'il n'en restait *pas plus de trois cents, tous très-mécontens :* qu'enfin, il était décidé *à livrer la citadelle et la place de Pampelune aux chefs espagnols fidèles à Ferdinand*; mais que ce qui l'en avait empêché jusqu'alors était la crainte de se compromettre, en se confiant à quelqu'un de la ville. Il termina en insinuant à Devienne, qu'ayant servi dans la légion de Saint-Simon, il lui serait plus facile qu'à tout autre de communiquer ses dispositions à un général espagnol du parti de Ferdinand..... Je trouvai Devienne sur la place d'armes; il venait de faire remettre une roue à notre voiture. Je lui annonçai, en l'abordant, que je venais de livrer dix caisses de marchandises, que j'avais vendues. — Et moi, répliqua-t-il avec une gravité emphatique, *la place de Pampelune aux braves Espagnols!* Sa réponse me surprit, et, d'après tout ce que nous avions déjà éprouvé et la situation où nous nous trouvions, j'avoue que le sérieux comique qui accompagna ces mots me fit frémir. En s'expliquant et en me rapportant la conversation qu'il avait eue avec le capitaine Movezin, il dit.l'avoir prévenu qu'il ne ferait rien sans ma participation, et, qu'en conséquence, il lui avait donné rendez-vous chez nous à quatre heures, pour en raisonner à tête reposée. Je crus devoir faire sentir à Devienne tout le danger d'une pareille entreprise; je lui rappelai ce qui nous était arrivé récemment à Baïonne, et qu'enfin *nous étions venus pour nos affaires, et non pour livrer des places.*

Devienne me fit observer que, si on parvenait *à donner Pampelune aux Espagnols, cela épargnerait beaucoup de sang à toutes les nations belligérantes, parce que l'armée de Buonaparte, ayant devant elle l'armée anglaise, serait obligée de rétrograder et d'évacuer l'Espagne.* Je saisissais avec empressement tout ce qui pouvait tendre au renversement de l'usurpateur; car nous ne pouvions espérer le retour de nos princes et une paix durable, que par sa chute. Je me rendis donc à cette réflexion, et je promis à Devienne de me trouver au rendez-vous à quatre heures. Le capitaine Movezin y fut exact; mais il amena avec lui un commissaire aux vivres qu'il croyait être de ses amis, et que, malheureusement pour nous, il avait mis dans sa confidence (1).

Les moyens à prendre pour livrer Pampelune aux Espagnols furent arrêtés entre nous : il ne s'agissait plus que d'en faire part à un général

---

(1) On m'a assuré depuis que ce fut ce commissaire aux vivres qui causa notre malheur, en racontant notre conversation, et communiquant notre projet à un capitaine adjoint à l'état-major : celui-ci fit son rapport, qui amena un dénouement funeste pour nous et pour la chose publique.

du parti de Ferdinand. Nous nous décidâmes à partir le lendemain pour Sarragosse, et M. Devienne promit au capitaine Movezin de faire ses communications aussitôt notre arrivée à Sarragosse, s'il pouvait y rencontrer quelqu'un de ses anciens amis. C'était, je crois, quatre à cinq mois après le siége que cette ville avait soutenu. Je ne pourrais jamais rendre le sentiment d'horreur que j'éprouvai sur toute la route de Pampelune à Sarragosse ; à chaque pas nous rencontrions des cadavres abandonnés dans les champs et sur les chemins ; nous ne voyions de tous côtés que des corps épars et mutilés, devenus la nourriture des oiseaux de proie : il y avait là de toutes les nations. Si j'avais pu rétrograder sans crainte d'être assassiné, certainement je l'eusse fait. Pendant toute la route nous fûmes obligés de tenir nos mouchoirs au nez et sur la bouche, pour nous garantir, autant que possible, des miasmes putrides qui s'élevaient de cette multitude de cadavres. Enfin, nous entrâmes dans cette nouvelle Sagonte, qui offrira un exemple à jamais mémorable de ce que peut la valeur de vrais patriotes combattant pour la défense de leur pays, et pour leur souverain légitime, contre l'iniquité, l'usurpation et la tyrannie.

Aux horreurs d'un siége avait succédé, dans Sarragosse, une terreur non moins affreuse. Nous vîmes pendre un Espagnol, parce qu'il avait eu le courage de se défendre contre un des soldats de la garnison, qui, le sabre au poing, lui avait enlevé de dessous le bras une jeune fille, avec laquelle il devait se marier. Cette scène et plusieurs autres du même genre firent trembler Devienne; et il renonça à communiquer notre projet sur Pampelune. D'un autre côté, une partie de ses connaissances avait été sacrifiée, et les autres se trouvaient à l'armée fidèle à Ferdinand.

Pour moi, j'étais particulièrement recommandé à M. *Etchevery*, négociant français qui habitait Sarragosse depuis vingt-cinq ans, et qui pensait très-bien. Je le voyais tous les soirs. Un jour, après avoir beaucoup parlé des maux que la guerre causait, et du sang qu'elle coûtait à la France et à l'Espagne, je lui dis: « Eh bien! « monsieur, si vous vouliez me seconder, nous « pourrions y mettre un terme; j'en ai les « moyens, et nous rendrions un grand service « aux deux nations. » Cet honnête homme me saute subitement au col, sans me parler; le sentiment le suffoquait : il m'embrasse avec effusion ; enfin revenu à lui-même : « Ah ! mon « ami, s'écrie-t-il, le plus beau jour de ma « vie sera celui où je pourrai être utile à mon « roi, à ma patrie qui m'est toujours chère, et « à la nation espagnole, qu'une habitude de « vingt-cinq années me fait aujourd'hui regar- « der comme la mienne. » (Je ne dois pas oublier de dire que l'armée française lui avait coupé pour près de deux cent mille francs d'oliviers). Je lui communiquai le projet du capitaine Movezin. J'ai votre affaire, reprit-il, venez demain à une heure ; je vous rendrai réponse. Nous nous quittâmes, et il alla sur-le-champ faire part du plan à un de ses amis, M. *Bayonna*, notaire à Sarragosse ; celui-ci avait des intelligences secrètes avec l'armée espagnole. Je retournai le lendemain chez M. Etchevery. Il me dit que M. Bayonna donnerait avec plaisir suite à mon affaire, mais qu'il désirait auparavant en causer avec moi. Nous allâmes chez lui, et là nous convînmes qu'il enverrait dans la soirée un de ses enfans à un général du parti de Ferdinand, pour l'instruire de ce dont il s'agissait, et l'engager à envoyer quelqu'un de confiance à Pampelune, pour en raisonner avec le capitaine Movezin. Il fut décidé que je partirais le surlendemain, et que je profiterais d'une escorte destinée pour cette ville, afin d'être prêt à recevoir l'envoyé du général, et pouvoir le présenter au capitaine. Je coupai une carte en deux; j'en gardai une moitié, et je lui remis l'autre pour le général; il fut convenu que la personne qui me la rendrait, en prononçant les mots que je donnai, serait reconnue pour la personne de confiance du général. Je quittai ces messieurs, et le lendemain même je repartis pour Pampelune, sans rien dire à M. Devienne de tout ce que j'avais fait.

A mon retour à Pampelune, le 5 août 1809, je m'empressai d'aller trouver le capitaine Movezin. On me dit chez lui qu'il était sorti depuis neuf heures avec le commandant de la citadelle ; j'y retournai à une heure, il n'était point rentré. En passant sur la place d'armes, je rencontrai un ami de Devienne, avec lequel nous avions dîné avant notre départ ; (c'était le commandant de la place); il me témoigna sa surprise de me revoir sitôt : « Si vous « désirez rentrer en France, me dit-il, je vous « conseille de profiter de l'occasion d'une forte « escorte qui part demain matin pour Saint- « Jean-Pied-de-Port. » Au moment où je lui répondais, qu'avant de repartir pour la France, j'avais à soigner la vente des marchandises qui nous restaient à Pampelune, arrive un colonel de ses amis, qui lui dit : « Eh bien ! vous savez « ce qui se passe? — Quoi? reprend le comman-« dant. — Le capitaine Movezin est arrêté de-« puis ce matin, et mis au secret à la citadelle. « Il ne s'agissait de rien moins que de livrer « aux Espagnols la citadelle et la place ; beau-« coup de personnes sont compromises dans « cette affaire, et les ordres ont été donnés « ce matin pour les arrêter. » J'écoutais sans rien dire ; mais j'étais tellement troublé, que, si l'on m'eût observé avec attention, on n'aurait pu s'empêcher de s'en apercevoir. Heureusement le colonel nous quitta, et, m'étant remis un peu, je dis négligemment au commandant : « Si j'étais sûr pourtant qu'il n'y eût pas d'es-« corte d'ici à quelques jours, je vous avoue « que j'aimerais mieux profiter de celle qui « part demain pour la France. » Il m'assura qu'il n'y en aurait probablement pas d'autre avant une quinzaine. « Eh bien, repris-je, « veuillez signer mon passe-port. » Il le fit de suite, et je me retirai chez moi.

J'ai souvent eu des inquiétudes ; mais jamais

anxiété ne fut plus forte que celle que j'éprouvai alors. Jamais je ne me suis trouvé dans une situation plus pénible que celle où je restai depuis deux heures de l'après-midi jusqu'au lendemain matin quatre heures, que nous partîmes. Je croyais voir dans chaque personne qui m'approchait, le porteur d'un ordre pour m'arrêter. J'allai à l'Eglise pour prier Dieu, et jamais je ne pus me recueillir assez pour faire une oraison mentale! Ce qui, dans ma pensée, me rendait plus suspect, c'était les deux visites que j'avais faites le matin au capitaine Movezin. Enfin j'en fus quitte pour la peur, qui ne me quitta qu'à Bordeaux. J'eus pourtant assez de présence d'esprit, avant de quitter Pampelune, pour écrire à M. Etchevery, à Sarragosse, cette phrase que j'espérais qu'il comprendrait : *Toutes les qualités d'indigo, pour lesquelles j'étais venu, ont été enlevées, et je pars promptement pour la France; faites en part à Devienne.*

Arrivé à Bordeaux, je crus prudent de me cacher, mais je fis part de ma situation à divers amis sur lesquels je pouvais compter. J'appris bientôt, par Leblanc-Nouguès, que Devienne avait été arrêté à Sarragosse et conduit par la gendarmerie, les fers aux pieds et aux mains, à la citadelle de Bayonne; qu'il y avait été mis au secret, et que des ordres avaient été donnés en même temps pour m'arrêter à Sarragosse. M. de Movezin avait eu le même sort que Devienne. M. Roger, très-innocent de cette affaire, n'en fut pas moins arrêté pendant deux fois 24 heures. Après avoir été relâché, on lui fit encore subir, dans le cours de deux ou trois mois, plusieurs interrogatoires qui durèrent, à chaque fois, plusieurs heures. J'appris, depuis mon retour en France, que toutes les marchandises qui nous restaient en Espagne avaient été perdues. Notre société fut donc dissoute par ces fâcheux événemens, ce qui rendit la position de Roger très-pénible, puisqu'il ne lui resta presque d'autre ressource que son industrie (1).

---

(1) J'ai appris depuis, par une lettre de M. Bayonna, datée de Madrid, le 8 janvier 1816, que son fils avait été envoyé à Tortose, avec une lettre et des instructions pour M. Ibars, directeur des vivres, lequel avait donné en diverses occasions des preuves de son dévouement et de son zèle à la cause de Ferdinand VII; que M. Ibars avait

J'étais donc caché à Bordeaux, attendant quel serait le sort de Devienne et le mien. Trois mois s'étaient déjà écoulés, et ne voyant point la fin de cette affaire, aussi cruelle pour ma famille que pour moi-même, je priai M. Taffard de Saint-Germain de me faire obtenir secrètement un passe-port de M. *Pierre-Pierre*, commissaire-général de police, de qui l'on m'avait quelquefois dit du bien. Le commandant de la force départementale de Bordeaux, qui fit la demande à Pierre-Pierre, lui répondit que le commissaire ne pouvait donner le passe-port sans se compromettre auprès du Gouvernement; *que j'étais grièvement impliqué dans*

---

communiqué le tout à M. le maréchal-de-camp Jos. Casimir Laval, qui commandait alors la ligne des Algas, et ces messieurs avaient envoyé un exprès à M. Bayonna, pour lui dire qu'ils regardaient sa proposition comme de la plus haute importance, mais que le général ne pouvait pour le moment détacher de son corps les 2,500 hommes dont nous avions besoin.

J'avais demandé que ces troupes pussent venir à marches forcées, afin de se trouver, à une nuit indiquée, derrière la montagne de S. Christophe, près de Pampelune.

l'affaire de Pampelune ; qu'il avait reçu des ordres positifs pour me faire arrêter ; qu'enfin j'avais été de tout temps un des plus zélés partisans de la maison de Bourbon ; que Devienne allait passer devant un conseil de guerre, et que l'Empereur VOULAIT *absolument qu'il fût fusillé.*

Grâce aux mouvemens que notre ami Roger se donna auprès des membres du conseil de guerre qui devait juger Devienne, il fut acquitté, comme je l'appris ensuite. Pour moi, me trouvant dès lors dans la cruelle et absolue nécessité de m'éloigner de ma famille, je priai plusieurs amis de me chercher un capitaine de vaisseau qui voulût me prendre à son bord, sans passe-port. Aucun capitaine n'y ayant consenti, je me hasardai à sortir moi-même le soir. Enfin une dame anglaise qui était à Bordeaux, et en liaison avec mon épouse, me procura ce que je demandais, et ce fut au mois de janvier 1810 que je quittai la France pour me réfugier à Londres.

Arrivée en Angleterre. 1810. Voilà l'exacte vérité sur mon affaire de Pampelune et la cause de mon départ pour l'Angleterre ; voilà par quelle série de voyages, de contrariétés, de malheurs (tout en servant la cause sacrée de la légitimité), je fus amené dans des lieux où je pouvais, où je devais la servir d'une manière enfin efficace.

Quelque poignans que fussent mes chagrins, quelque déchirant surtout que fût celui de m'être séparé de ma famille, je ne cessais pourtant de nourrir dans mon cœur l'espoir d'être un jour utile à mon Roi et à ma patrie. Cette idée m'occupait jour et nuit; elle me consolait, elle me soutenait, elle me ramenait sans cesse à un plan que j'avais conçu pendant mon voyage; et, (ne prenant pour témoin de ma pensée que Dieu seul, qui sans doute me l'avait inspirée). Je calculais, je méditais les moyens de l'exécuter; j'en apercevais de précieux dans le dévouement des amis que je venais de laisser à Bordeaux ; le seul souvenir des conversations que nous avions eues dans nos réunions royalistes était pour moi une source abondante d'espérances, et je sentais qu'il ne manquait plus à mon plan, pour assurer sa réussite, que d'être adopté par le Roi. Je comptais surtout sur la confiance sans bornes qui unissait les chefs de la conjuration royaliste, dont le noyau existait toujours, et sur la certitude de pouvoir réunir promptement le reste, quelque dispersé qu'il fût; j'étais d'ailleurs assuré que si j'avais le bonheur d'obtenir une autorisation de S. Majesté, et d'être accrédité par ses ministres, toutes les inquiétudes particulières s'évanouiraient ; que la confiance générale dont je jouissais leverait tous les obstacles ; que la conjuration royaliste deviendrait alors plus forte que jamais, et qu'au premier moment favorable, Bordeaux, en se prononçant la première, donnerait au reste de la France, fatiguée du joug de l'usurpateur, une impulsion soudaine et rapide, à laquelle rien ne pourrait résister.

J'étais porteur de lettres de recommandation pour plusieurs seigneurs français. J'en avais de Mme la marquise de Donissan, pour son frère M. le duc de Lorges ; et je me trouvais ainsi encouragé dans la tentative que je me proposais de faire.

J'avais d'autres lettres pour plusieurs maisons pectables de commerce à Londres ; étant un jour à dîner dans une d'elles, le plus heureux hasard m'y fit rencontrer M. le comte Alphonse de Durfort, auquel j'avais été fortement recommandé, et chez qui je n'avais point encore eu le temps de me présenter. La conversation roula sur la France ; toute la société fut d'accord sur cette opinion, *que notre patrie était dans un état désespéré de servitude, et qu'elle ne pourrait plus recouvrer la tranquillité et le bonheur, dépendant entièrement du retour de ses souverains légitimes, retour qui paraissait désormais impossible…..* M. le comte de Durfort remarqua que je ne prenais point part à la conversation et que je gardais un silence absolu sur un sujet aussi important pour tout bon Français ; il me tira à part, et nous sortîmes pour aller nous promener au parc St.-James. Là, il me demanda mon opinion en termes mesurés. Je lui répondis que celle qu'on venait d'émettre me paraissait erronée; que j'en avais une tout opposée : que pour ne pas élever une discussion purement inutile, par conséquent dangereuse, je m'étais abstenu de l'énoncer ; mais qu'avec lui je ne craindrais pas de dire tout ce que je pensais. M. le comte m'approuva, me remercia et me pria de m'expliquer. Je lui exposai donc *que*, suivant moi, *rien ne serait plus facile que le retour de nos Princes au trône ; que la masse de la France était bonne, et que le Roi finirait aisément la révolution,* si (avec le temps et suivant les circonstances) *on voulait mettre à profit les effets naturels de l'extravagance et de l'aveugle et tyrannique ambition de l'usurpateur ;* mais *que tout était subordonné à la con-*

dition indispensable d'être en bonne intelligence avec le gouvernement anglais, et de ne rien entreprendre sans être absolument sûr de son appui en cas de besoin.

M. le comte de Durfort parut agréablement surpris. Après plusieurs visites, plusieurs épanchemens réciproques, il m'offrit lui-même de m'aboucher avec les ministres de S. M. Louis XVIII. M. le duc d'Avaray fut la première personne à la qu'elle il crut devoir s'adresser. Le duc d'Avaray opposa sa santé, qui ne lui permettait plus de s'occuper des affaires du Roi. Cependant il manifesta le désir de me voir, se réservant ensuite, s'il le jugeait nécessaire, d'en écrire au Roi. Le surlendemain, M. le comte de Durfort me présenta à M. le duc. J'eus avec ce dernier une longue conversation, d'après laquelle il écrivit en effet à Sa Majesté.

Introduction auprès des ministres de Sa M. Louis XVIII.

1810.

Quelques jours après, M. le duc d'Avaray me fit prévenir par M. le comte de Durfort, que M. le comte de Blacas serait chez lui le lendemain à dix heures du matin, pour s'entretenir de mon projet et me fit prier de m'y trouver : j'eus une longue conférence avec M. le comte de Blacas. Je donnai d'abord à Son Excellence tous les détails qui concernaient l'*ins-*

titut, dont il ne restait plus que le noyau formé de mes amis. Je lui répondis des bonnes dispositions des autres membres ; dispositions qui m'étaient parfaitement connues : en lui démontrant tout le parti qu'on en pouvait tirer, j'observai *qu'il était nécessaire de calmer les esprits inquiets et de fixer les incertitudes par des garanties*, parce que la plupart de ceux qui s'étaient dévoués à la cause du Roi, ayant vu tout échouer jusqu'alors, craignaient *ou de servir quelque faction, sans le savoir, ou de se trouver dupes des menées de l'usurpateur lui-même, et n'osaient plus, ne voulaient plus rien entreprendre, sans être positivement assurés que ce fût pour la maison de Bourbon.* A ce moment, pour donner plus de poids à ce que je disais, et ne point perdre l'occasion de procurer à mes amis les assurances qu'ils désiraient (certain d'ailleurs de n'être point démenti par eux), il me vint subitement à l'idée de prendre sur moi d'avancer *que j'étais chargé de demander à Sa Majesté Louis XVIII, et au gouvernement anglais, la permission de faire venir à Londres une députation composée des personnes les plus considérables des diverses provinces de France,*

pour faire connaître à S. M. nos véritables res- ressources, et prendre ses ordres sur la manière de les employer à-propos, lorsqu'on serait certain des dispositions franches du gouvernement britannique à seconder nos efforts. Je n'eus pas de peine à démontrer à M. le comte de Blacas que, de cette façon, succéderait à une défiance presque générale une confiance mutuelle qui releverait le courage de chacun, qui multiplierait les prosélytes, et qui serait le premier gage du succès. « Pour démontrer, par un exemple,
« la nécessité, les avantages de cette mesure,
« ajoutai-je à S. Exc., je lui annonce que si on ob-
« tient cette autorisation, on se propose de choi-
« sir *M. le marquis de Larochejaquelein pour*
« *député de la Vendée près du Roi, et de prier*
« *Sa Majesté de confier le commandement et*
« *l'organisation de cette partie de la France à*
« *un homme dont le dévouement est si connu,*
« *et dont le nom seul a tant de magie pour tous*
« *les royalistes.* » C'était, en effet, un des points essentiels dont nous étions tous convenus dans nos réunions. Je terminai en disant que *madame la marquise de Donissan ne serait point étrangère à l'entreprise.* Et j'entends encore M. de Blacas m'interrompant vivement par ces

mots : « c'est une *véritable héroïne* que madame de Donissan ! elle *mérite*, elle *possède* toute la confiance *du Roi* et celle *des Princes.* »

Après m'avoir écouté avec beaucoup d'attention et m'avoir fait donner ma parole de ne plus m'ouvrir *à personne* sur ce sujet, sans son autorisation ; son Excellence me dit qu'elle allait se hâter de faire part de mes ouvertures à Sa Majesté et que, sous deux jours, elle me reverrait. En effet, M. de Blacas ne tarda pas à m'informer que Sa Majesté lui avait répondu qu'elle avait besoin de raisonner avec lui sur l'affaire de M. *Sébastien* (1), avant de prendre une détermination. M. le comte retourna près du roi à Hartwel, et au bout d'une semaine étant revenu à Londres, il m'annonça que S. M. avait pris l'affaire dans la plus grande considération; qu'en conséquence, il me donnait de la part du Roi *carte blanche* pour voir les ministres de S. M. britannique, à la charge de rendre à Son Excellence un compte exact du résultat de mes démarches, afin d'y donner suite s'il y avait lieu.

---

(1) C'était le nom que j'avais adopté, et que j'ai conservé dans toute ma correspondance ministérielle.

Introduction auprès des ministres de Sa Majesté britannique.

1810.

Mon intention avait été de me faire présenter à M. *le marquis de Wellesley*, alors ministre des affaires étrangères ; mais la difficulté pour un Français nouveau venu et sans caractère reconnu, d'arriver auprès d'un membre aussi important du gouvernement britannique, et plusieurs autres circonstances, firent que M. le comte de Durfort me présenta au *très-honorable M. Arbuthnot*, sous secrétaire d'état de la trésorerie, et avec lequel il était en relation. Je lui donnai les mêmes développemens, les mêmes détails qu'à M. le comte de Blacas. J'insistai fortement près de l'un, comme je l'avais fait près de l'autre, sur ce point essentiel : *qu'il n'était, en aucune façon, question d'argent, mais seulement de l'assurance, qu'en temps opportun, nous serions secondés par le gouvernement anglais.* Je m'attachai à démontrer à M. Arbuthnot, que sans cette certitude, quelque général que fût le vœu de la France pour le retour de nos princes légitimes ; la tyrannie de l'usurpateur était si violente, que personne n'oserait donner le signal d'un mouvement insurrectionnel.

M. Arbuthnot me répondit des choses on ne peut plus obligeantes, il témoigna prendre beaucoup d'intérêt à mon projet et à sa réussite ; il me promit de le soumettre à M. Perceval, alors premier ministre, et me recommanda le secret le plus absolu.

Quelque temps après, M. Arbuthnot me dit qu'il avait tout communiqué à M. Perceval; que le premier ministre *considérait mes propositions comme de la plus haute importance; mais qu'il serait nécessaire, pour qu'il pût y donner suite, et les soumettre officiellement à son gouvernement, qu'elles fussent présentées par une autorité qui leur donnât à elles-mêmes un caractère officiel.*

Après avoir écrit deux lettres à M. le comte de Blacas, alors à Hartwell, pour lui faire part du résultat de mes démarches auprès des ministres de S. M. britannique et de ma conférence avec l'un d'eux, le 3 juillet 1810, je reçus de M. le comte de Durfort la lettre suivante.

M. Rollac, à Londres.

« J'ai reçu, monsieur, une lettre du comte de Blacas, qui me mande qu'il sera à Londres à la fin de cette semaine. J'ai l'honneur de vous en prévenir et de vous renouveler, monsieur, l'assurance de mon inviolable attachement, avec lequel je suis votre très-humble serviteur,

A. Durfort. »

Wimbleton, ce 3 juillet 1810.

(Wimbleton était la maison de campagne de monseigneur le prince de Condé.)

Cependant M. le comte de Blacas ne vint point, mais j'en reçus quelque temps après cette lettre :

Hartwell, 15 août 1810.

« J'ai reçu, monsieur, vos deux lettres et je ne tarderai pas à vous voir ou à vous écrire sur leur objet, pour vous faire connaître les démarches qui peuvent et doivent être faites ultérieurement. Recevez, je vous prie, une nouvelle assurance de l'estime et des sentimens avec lesquels j'ai l'honneur d'être, Monsieur, votre très-humble et très-obéissant serviteur,

B. d'A. »

Tout le mois s'écoula encore, sans que je

visse M. le comte de Blacas, ou que j'eusse de ses nouvelles. Je lui écrivis de nouveau le 31 du même mois, et le 3 septembre j'en reçus la réponse suivante.

Hartwell, 3 septembre 1810.

« A mon retour ici, Monsieur, après une absence de quelques jours, j'ai trouvé la lettre que vous avez bien voulu m'écrire le 31 août. Je regrette extrêmement les retards qu'éprouve une réponse que vous devriez avoir depuis long-temps. Je compte aller à Londres vers le 15 de ce mois, et je m'en occuperai certainement avec tout l'intérêt que je prends à la réussite de *votre affaire*. Si cependant vous désirez ne pas attendre cette époque, remettez le billet que je joins ici ; la personne à laquelle je l'adresse, (*M. le comte de la Châtre*) en sera prévenue. Vous la trouverez seule tous les jours à dix heures du matin, vous pouvez lui parler avec une entière confiance, votre secret sera gardé, et vous ne tarderez vraisemblablement pas à avoir une solution quelconque. Je ne vous désignerai que sous le nom de M. Sébastien, et vous ferez ensuite *ce que vous jugerez à propos*. Recevez, Monsieur, une nouvelle assurance de l'estime et de l'attachement, avec lesquels j'ai l'honneur d'être votre très-humble et très-obéissant serviteur,

B. D'A. »

Je crus devoir attendre l'arrivée de Son Excellence, qui, dans le même mois, me présenta elle-même à M. le comte de la Châtre, alors chargé, comme ministre, des affaires du Roi de France auprès du gouvernement britannique. J'eus avec M. le comte de la Châtre différentes entrevues, après lesquelles ce ministre demanda une audience à M. Arbuthnot. Le ministre anglais s'empressa de recevoir le ministre français, et il fut décidé que M. Arbuthnot donnerait communication officielle de nos propositions à son gouvernement.

Quelque temps s'étant écoulé, sans que M. le comte de la Châtre entendît parler de rien, j'osai presser Son Excellence de provoquer une réponse. M. de la Châtre fit la démarche nécessaire, et M. Arbuthnot répondit que le conseil-privé allait s'assembler pour prendre une détermination sur ce qui nous concernait, et qu'immédiatement après, il communiquerait le résultat à Son Excellence.

Bientôt après, S. M. Georges III étant tombée dangereusement malade, M. Arbuthnot écrivit à M. le comte de la Châtre, que l'indisposition grave de son Souverain empêchait pour le moment que le gouvernement pût donner suite aux propositions du ministère français en Angleterre. Tout fut donc suspendu.

Il s'était passé sept à huit mois depuis mes premières démarches. Il s'en passa environ six autres, sans que j'entendisse parler de rien; enfin dans une visite que je fis à M. Arbuthnot, ce ministre me dit : *il est très-probable que la France ne tardera pas à avoir la guerre avec la Russie : si elle a lieu, le gouvernement britannique vous secondera de tous ses moyens, quand il en sera temps.* M. Arbuthnot me demanda alors un mémoire détaillé sur tout ce dont je lui avais précédemment parlé. Je me hâtai de faire part à M. le comte de la Châtre, et de la communication que m'avait faite M. Arbuthnot, et des espérances qu'il m'avait données. Je lui soumis ensuite le mémoire qui m'était demandé, et (avec *l'approbation de Son Excellence*) je le remis au ministre de S. M. britannique.

J'en étais là de mes négociations, lorsque je

fus trompé de la manière la plus indigne par un homme qui m'avait inspiré de la confiance. Quoique mon erreur ne durât que quelques jours, je n'en éprouvai pas moins le plus profond chagrin, et dans ce moment encore, je ne puis m'empêcher de frémir, en songeant aux funestes conséquences qu'elle faillit avoir pour moi et surtout pour le succès de mes opérations. J'avais d'abord eu le dessein de passer cet incident sous silence, puis j'ai réfléchi que si *la générosité* me portait à le faire, *le devoir* me le défendait. En effet cet homme s'était vanté aux ministres français d'être en rapport, même assez intime, avec mes respectables amis : ceux-ci n'auraient-ils pas droit de s'indigner (1), si je laissais subsister le moindre doute qu'il ait pu exister quelque liaison entre tant de perfidie et tant de loyauté? En effet, dans les temps où nous vivons, on ne saurait trop apprendre par des exemples à se défier de ces Caméléons, de ces hommes qui ne prennent un instant les couleurs de la probité, du royalisme, que pour attirer de braves gens dans leurs infâmes piéges, et

---

(1) Voyez le Rapport de M. le colonel Roger, *Pièces justificatives*, n° XIII.

laisser voir ensuite la bassesse et la trahison dans toute leur horreur.

1812.

En juillet 1812, un négociant que j'avais connu à Bordeaux, arriva en Angleterre. Le gouvernement anglais ne laissait alors débarquer personne sans recommandation. Ce négociant sachant que j'étais à Londres, m'écrivit et me pria de lui faire obtenir un passe-port pour se rendre dans cette capitale. Sur ce que j'en dis à un autre négociant anglais, celui-ci fit les démarches nécessaires ; mais le gouvernement refusa le passe-port. Animé par le désir d'obliger un compatriote qui ne m'était point suspect et dont les affaires pouvaient souffrir beaucoup par la perte du temps, je priai M. le comte de la Châtre d'appuyer la demande faite par le négociant anglais, et le passe-port fut obtenu.

M. le comte de la Châtre m'avait fait des questions sur les opinions politiques de ce négociant de Bordeaux, et je lui avais répondu ce que j'en savais. Je lui avais dit que cet homme avait, en ma présence, chaudement exprimé son aversion pour l'usurpateur, à cause des maux qu'il faisait à la France, et j'avais ajouté que peut-être pouvait-il nous être utile. Sur ce

renseignement, M. le comte de la Châtre me témoigna le désir de le connaître. Je le présentai donc à Son Excellence, aussitôt après son arrivée. Il venait me voir tous les jours, et nous nous entretenions souvent de l'état déplorable de la France. A la suite d'un de nos entretiens, il osa un jour me proposer *de profiter de ma liaison avec M. le comte de la Châtre, pour tirer de lui de fortes sommes d'argent, sous prétexte de les employer à servir le royalisme en France, mais dans le fait, pour les appliquer à d'excellentes spéculations de commerce, qui nous enrichiraient aisément; sauf à rendre ensuite les premiers capitaux, s'il le devenait nécessaire...* A l'horreur que je témoignai pour des idées aussi viles, aussi révoltantes, sa bile s'échauffa, son affreux caractère se dévoila tout entier. « *Vous ne saurez jamais faire vos affaires !* me dit-il, avec amertume, et il s'emporta au point de vomir mille invectives contre les princes français, contre le gouvernement anglais, et contre moi. Il finit par me dire « *qu'il*
« *ne voulait plus se mêler d'une affaire où il*
« *n'y avait point d'argent à gagner, et qu'il*
« *ne verrait plus M. de la Châtre, ni M. de*
« *Blacas, dont il n'avait eu le dessein de se*

« *servir, qu'autant qu'ils auraient pu lui être*
« *utiles ; que nous méritions tous d'être exter-*
« *minés, et qu'il jouissait d'avance du plaisir*
« *qu'il aurait à nous voir tous anéantis par le*
« *grand homme, qui allait, sous peu, donner*
« *des fers à la Russie et conquérir le monde*
« *entier.* » Je restai stupéfait ; mes yeux s'ouvrirent tout-à-coup sur les dangers, les malheurs qui pouvaient résulter de ma confiance si horriblement trompée ; les reproches, qu'on pourrait m'adresser à l'avenir, si je ne m'opposais pas à ce que l'on initiât dans le secret d'une si noble entreprise un homme aussi infâme, se présentèrent vivement à mon esprit ; enfin tourmenté du besoin de mettre ma bonne foi à l'abri de tout soupçon et ma responsabilité à couvert, je demandai sur-le-champ un rendez-vous à M. le comte de la Châtre. Introduit près de lui, je lui rendis un compte exact de tout ce qui venait de se passer, et de l'horrible lumière qui venait de me frapper. M. de la Châtre m'avoua que *cet individu ne lui avait point inspiré de confiance ;* mais qu'il l'avait jugé homme à argent et à spéculations égoïstes ; puis il me demanda si je savais qu'il y eût à Bordeaux un comité de royalistes qui voulaient renverser l'usurpateur, et qui

avaient à leur tête l'archevêque de Bordeaux, ainsi que plusieurs jurisconsultes? Je lui répondis que je n'avais aucune connaissance de tout cela. « C'est cet homme qui me l'a dit, reprit M. le comte de la Châtre; il m'a même écrit pour me demander de lui faire obtenir du roi une somme de 40.000 fr., afin d'aller à Bordeaux s'entendre avec le prétendu comité, Son Excellence me donna la lettre à lire. Il me fut aisé de comprendre que cet homme, profitant de quelques indices très-légers que je lui avais donnés avec circonspection sur l'institut, avait pu ourdir un tissu d'impostures, et essayer de tromper les ministres de S. M.. M. le comte de Blacas m'adressa, bientôt après, les mêmes questions que M. le comte de la Châtre, et je lui fis les mêmes réponses. Je fis même ensuite certifier à M. le comte de la Châtre, par M. Bontems du Barry, lorsque celui-ci vint à Londres, que rien n'était plus faux que tout ce que cet imposteur avait avancé, dans le dessein, sans doute, de soutirer quelques sommes d'argent (1). Enfin, il repassa en France vers la fin d'octobre ou le

---

(1) Voyez le Rapport du colonel Roger, *Pièces justificatives*, n° XIII.

commencement de novembre 1812. Et, s'il avait réussi à tromper la religion des ministres et à abuser de leur confiance, je n'aurais au moins aucun reproche à me faire, puisque j'avais, au moment même, averti de se tenir en garde contre ses mensonges et ses perfidies.

Quelque temps après M. le comte de la Châtre me demanda (au mois de décembre 1812) un nouveau mémoire détaillé de tout ce que j'avais déjà communiqué, à lui, à M. le comte de Blacas, et au gouvernement anglais. Je m'empressai d'en rédiger un, où j'entrai dans les plus petits détails. Peu de jours après l'avoir remis, S. Exc. m'annonça qu'il fallait me préparer de suite à partir pour Bordeaux (1); qu'on me donnerait tout l'argent et tous les pouvoirs nécessaires pour faire, de concert avec mes amis, une organisation nouvelle; et qu'aucuns moyens de réussite ne me manqueraient. Elle m'apprit en même temps que S. A. R. le prince régent d'Angleterre, et son conseil, avaient complétement embrassé les intérêts du Roi; et qu'ils étaient entièrement disposés à seconder les efforts des vrais Français pour le retour de leur souverain

---

(1) Voyez le deuxième certificat de M. de la Châtre, *Pièces justificatives*, n° V.

légitime ; enfin Son Exc. m'assura que c'était le moment d'ouvrir les communications avec Bordeaux, et de mettre sans délai mon plan à exécution.

Ma délicatesse m'imposa le devoir de représenter à M. le comte de la Châtre qu'il m'était impossible de rentrer en France sans courir le risque d'être découvert, arrêté, et de voir ainsi sacrifier en pure perte les sommes qui pourraient m'être confiées. M. le comte reconnut que si en effet j'étais arrêté, toute voie sûre de communication serait fermée, et que tout espoir de succès, de ce côté, serait détruit du moins pour quelque temps (1).

La voie de France m'étant fermée, je proposai d'aller moi-même en Espagne ouvrir des communications qui me semblaient plus faciles, par la proximité du théâtre où les opérations devaient avoir lieu, et avec l'aide de personnes sur lesquelles je pouvais compter dans le pays,

―――――

(1) En mai 1814, avant que je quittasse Londres, M. le comte de la Châtre me dit : « A présent, je puis vous dire que vous êtes la seule personne par le moyen de laquelle nous avons été en rapports constans; car toutes celles qui ont été envoyées d'ici en France, depuis un an, ou n'ont pas osé écrire, ou n'ont rien fait d'utile.

puisqu'elles avaient été initiées dans nos travaux de 1804, et que je n'avais cessé de cultiver leur connaissance dans mes voyages. Je citai, entr'autres, M. d'Aiguillon, gouverneur de Saint-Sébastien sous Charles IV, et qui, dans le temps avait caché chez lui M. Pitard-Laclothe et ses amis, MM. Forestier et de Céris. Mais je demandai à être accompagné d'un seigneur français du choix de S. M., et à être porteur de lettres de recommandation pour les hautes autorités d'Espagne, et pour S. Exc. le duc de Vellington.

M. le comte de la Châtre trouvant le moyen que je proposais sujet à des lenteurs, et à d'autres inconvéniens plus graves, me demanda si je n'avais pas en Angleterre quelque personne de confiance qui pût se rendre à Bordeaux à ma place. Un pareil choix était délicat à faire; car le secret et le succès de l'entreprise, la vie des braves amis qui depuis dix-huit à vingt ans avaient secondé mes efforts, dépendaient de la fidélité de cet envoyé, et du courage qu'il déploierait en cas d'arrestation et de persécution; ce qui venait de m'arriver me rendait prudent jusqu'à la défiance. Je proposai d'abord à M. le chevalier Lynch (frère du maire de Bordeaux) que je voyais souvent, la mission que je ne pouvais remplir moi-même. Après y avoir mûrement réfléchi, il me répondit qu'il ne pouvait l'accepter, *par la certitude qu'il avait aussi d'être arrêté à Bordeaux, s'il s'y présentait.*

Sur son refus, je jetai les yeux sur un homme avec lequel je m'étais étroitement lié à Londres, et qui m'avait été spécialement recommandé par une maison de commerce de Dunkerque, comme étant distingué par son excellente moralité et son entier dévouement à la famille de nos rois. Des affaires de famille d'un intérêt majeur l'avaient amené en Angleterre, et lui avaient fait obtenir un passe-port, ce qui rendait son retour en France tout naturel, et devait éloigner de lui tout soupçon de la part de la police.

Malgré la confiance que m'inspirait M. Julien Péfaut de la Tour (c'est le nom de ce bon royaliste), je l'étudiai, je le sondai discrètement pendant près de deux mois; et un jour que la conversation était tombée sur la guerre que l'usurpateur avait entreprise contre la Russie, il m'exprima avec tant de feu le bonheur qu'il éprouverait, s'il pouvait contribuer à sauver la France en coopérant au rétablissement de la maison de Bourbon, que je saisis ce moment d'enthousiasme pour hasarder ma proposition. Je lui donnai quatre jours pour y bien réfléchir, et au bout de ce temps, il m'annonça qu'il était prêt à partir, et à suspendre le soin de ses propres affaires pour une aussi belle mission. Mais il allait exposer sa liberté, sa vie, peut-être ; ses affaires d'intérêt n'étaient point encore terminées, et il ne pouvait faire la guerre à ses dépens ; avant de rien entreprendre, il éprouvait le besoin d'être assuré que, s'il lui arrivait quelque malheur, sa famille resterait sous la protection du Roi : sa délicatesse lui fit donc refuser de moi aucuns détails sur la mission que je lui proposais, avant d'être certain qu'on lui donnerait l'argent strictement nécessaire pour la remplir (il fixa, à cet effet, la somme de trois cents livres sterling), ainsi que le grade de colonel; et, s'il réussissait, la croix de St.-Louis, récompense si désirable pour un bon Français, qui, comme lui, avait servi dans les armées de Louis XVI (1). Je fis connaître ses désirs à M. le comte de la Châtre, et S. Exc. ne tarda pas à m'apprendre que tout ce que M de la Tour demandait était accordé; M. le comte

---

(1) Voy la première lettre de M. de la Tour, au n° XI, *Pièces justificatives*, et le certificat qui lui fut donné par M. le comte de la Châtre, *Pièces justificatives*, n° VI.

lui dit à lui-même, lorsque je le lui présentai, chez moi, et qu'il lui remit les trois cents liv. st., « *que si Dieu permettait que la tentative réus-* « *sît, on ne s'en tiendrait certainement pas là* ».

M. de la Tour une fois rassuré sur son avenir, je m'ouvris entièrement à lui, et je m'empressai de le présenter à M. le comte de Blacas, après que je l'eus mis en relation avec M. le comte de la Châtre. Il eut avec ce dernier plusieurs conférences qui se tinrent toutes chez moi et en ma présence.

J'avais déjà désigné aux ministres de Sa Majesté Louis XVIII, pour la conduite des affaires à Bordeaux, M. *Taffard de Saint-Germain*, dont j'avais eu, depuis vingt ans, tant d'occasions d'apprécier les principes, le mérite, le caractère et le dévoûment absolu pour la famille royale.

J'avais également désigné, pour s'entendre avec M. Taffard, et combiner ensemble les mouvemens de l'ouest avec ceux de Bordeaux, M. *le marquis de Larochejaquelein,* auquel il était important de donner le commandement de la Vendée. Ignorant où il était alors, j'avais espéré que M. Taffard pourrait aisément le faire avertir par M. *Queyriaux,* notre brave et constant ami ; heureusement M. de Larochejaquelein se trouva à Bordeaux à l'arrivée de M. de la Tour, comme on le verra bientôt.

Enfin j'avais désigné, comme les personnes les plus propres à seconder M. Taffard dans toutes ses opérations, MM. *Louis de Cléran, Queyriaux aîné, Roger* et *Marmajour;* et, comme il fallait tout prévoir, si quelque accident enlevait M. Taffard au service du Roi, M. de la Tour devait tout communiquer à MM. Cléran et Queyriaux aîné; cependant il devait, avant de risquer, prendre l'avis de madame Rollac, qui, étant sur les lieux, était plus à même de connaître le moindre changement, s'il en était survenu dans les opinions.

La suite a prouvé si je pouvais choisir des hommes plus fidèles, plus dévoués au Roi. Il fut donc convenu entre M. de la Châtre et moi, en présence de M. de la Tour, lorsque celui-ci reçut nos instructions définitives, qu'à son arrivée à Bordeaux, M. Taffard de Saint-Germain prendrait le titre de *commissaire du Roi, commandant de la Guyenne*, ou tel autre titre qu'il jugerait convenable. Je demandai pour lui, en cas de réussite, la croix de St.-Louis, et j'ai appris, depuis la restauration, qu'il avait eu le bonheur de la recevoir des mains de MADAME, lorsque, le trouvant en Espagne après les malheureux événemens de 1815, elle le chargea d'une mission pour la cour de Madrid.

Pour moi, je ne demandai rien : mon cœur se confiait, comme il n'a cessé de le faire, à la justice et aux bontés paternelles de S. M.; d'ailleurs, M. le comte de la Châtre ne m'eût pas permis d'exprimer un vœu; il m'avait dit avec cette bienveillance et cette délicatesse qui lui sont propres, *qu'après ma constance depuis vingt ans et les services que je rendais, je devais tout espérer, tout attendre des bontés du Roi.*

'Il était nécessaire d'avoir, pour notre correspondance, un langage de convention qui ne fût entendu que de nous, et qui ne donnât aucun soupçon dans le cas où nos lettres tomberaient en des mains ennemies. Je confiai donc à la mémoire de M. de la Tour des mots qu'il devait communiquer à M. Taffard de Saint-Germain. Je crois devoir en donner ici un aperçu, seulement pour l'intelligence du peu de lettres que je suis obligé de joindre ici ; je n'ai pas jugé utile de grossir mon récit de toutes celles qui ne sont pas absolument nécessaires au développement de cet Exposé.

Clef de la Correspondance.

Le Roi.................. Henri et C^{gnie}.
Les Princes............. Des indigos.
Madame, Duchesse d'An-
  goulême............... De la vanille.
M. le Duc de Wellington
  et son armée.......... Des sucres et cafés.
Les Espagnols........... Des laines.
La Russie et la Prusse... Des chanvres.
M. le marquis de Laroche-
  jaquelein............. Ma bonne mère.
M. Taffard de St.-Germain. Germain.
M. Julien Peffau de la Tour. Derby.
Hommes de débarquement. Des cotons.
L'esprit public des diverses
  parties de la France... Vins et eaux-de-vie de
                          bonne ou mauvaise qua-
                          lité, et leur terroir.

Le nombre d'hommes sur le-
  quel on pouvait compter. Le nombre de barriques à
                           ma disposition.

Les conscrits des diverses
  parties de la France, et
  refusant de partir aux or-
  dres de l'usurpateur.... La douleur d'un côté du
                           corps ou de l'autre, le

visage étant censé tourné de Bordeaux vers Paris.

M. Jacques Sébastien Rollac. Sébastien (j'avais pris ce nom dans toute ma correspondance avec les ministres des deux gouvernemens; mais dans celle avec la France, j'ai occasionnellement signé Laurend, et Rollac.

J'avais présenté cette clef de correspondance à M. le comte de la Châtre ; il l'avait approuvée, et en avait pris note avant de signer, pour le Roi, la lettre de pouvoirs envoyés à M. Taffard de Saint-Germain. Il fut arrêté que je serais *le seul correspondant entre Bordeaux et les ministres de Sa Majesté; que toutes les lettres passeraient par moi de Londres à Bordeaux, sous le couvert de mon fils (chargé lui-même d'une partie de la correspondance), et que toutes les lettres de Bordeaux pour les ministres me seraient adressées par lui, seraient signées de lui, et simplement apostillées par MM. Taffard ou de la Tour, ou seulement revêtues des lettres initiales de leurs noms.*

Ce fut le 12 mars 1813 que je donnai à M. de

la Tour ses dépêches pour M. Taffard de Saint-Germain (l'époque est remarquable et frappante); sa mission devait durer un an, et ce fut précisément le jour où elle devait finir qui éclaira le mémorable mouvement de Bordeaux.

M. le comte de la Châtre avait muni M. de la Tour d'un passe-port anglais, *signé du vicomte de Castlereagh*, et lui avait donné, ainsi qu'à moi, un mot de passe pour les stations anglaises depuis Cherbourg jusqu'à Bayonne. Il lui avait donné verbalement toutes les instructions que la police en France ne permettait pas de confier au papier. M. de la Tour, ayant fait sentir l'importance qu'il y aurait à faire tomber la Rochelle au pouvoir de S. M., et témoigné le désir de l'entreprendre, (cette ville dût-elle que servir de refuge aux royalistes, en cas de non succès, etc.); M. de la Châtre lui annonça qu'il avait carte blanche.

De mon côté, j'avais donné à M. de la Tour un mot de passe pour les postes anglais en Espagne, dans le cas où lui, moi ou toute autre personne dans le secret, nous serions, par suite des circonstances, obligés de passer par l'Espagne. Ce mot était : *God save the King* : (*Que Dieu sauve le Roi*). Je n'en pouvais donner de plus analogue à notre royaliste entreprise.

Dans mes instructions, j'avais essentiellement recommandé à M. de la Tour de faire sentir à M. Taffard combien il était nécessaire, dès que les circonstances le permettraient, d'envoyer des députés au lord Wellington, et de mettre à leur tête M. le marquis de Larochejaquelein. J'avais aussi chargé M. de la Tour d'annoncer à mes amis que j'allais leur faire passer un signe de ralliement : c'était un ruban vert, symbole de l'espérance, et que j'avais la ferme confiance d'obtenir de S. A. R. MADAME, duchesse d'Angoulême. J'avais pensé (et la suite a prouvé que ce n'était pas sans raison) qu'un ruban donné par une princesse fille de tant de rois, de nos rois! et l'honneur de son sexe, ne manquerait pas de parler éloquemment à des cœurs Français et de les électriser.

Enfin, M. de la Tour était porteur de deux lettres de moi, l'une de simple recommandation pour M. Taffard de Saint-Germain; l'autre était la dépêche diplomatique, écrite de ma main en style de commerce, mais signée (pour le Roi) Henri et C, par M. le comte de la Châtre. Voici la copie de cette dépêche, dont la clef ci-dessus donnera l'intelligence.

M. Taffard de St.-Germain, *à Bordeaux.*

« Monsieur,

La manière avantageuse dont M. Rollac nous a parlé de vous en différentes occasions, nous engage à vous donner la préférence pour les articles de vos quartiers dont nous avons besoin. En conséquence, Monsieur, nous vous prions de nous faire passer les prix des vins et eaux-de-vie, et de nous donner avis des variations de ces liquides. M. de la Tour, notre voyageur, et porteur de la présente, vous dira de vive voix les qualités de celles qui nous conviennent. Veuillez vous entendre avec lui pour nous avoir ce qu'il y a de mieux. Si les prix et qualités de ces esprits nous conviennent, nous vous ferons passer les ordres et les fonds nécescessaires pour nos achats.

Nous avons l'honneur de vous saluer,

Signé (pour le Roi,

Par M. le comte de la Châtre),

Henri et Ce.

12 mars 1813.

On voit par cette dépêche que la maison Henri (le Roi et les ministres) promettait des envois de fonds pour les dépenses, qu'il était naturel de croire que nos opérations exigeraient. Cependant je ne puis mé dispenser de faire remarquer, à cette occasion, qu'il n'a jamais été envoyé aucuns fonds, quoique les circonstances aient souvent forcé mes amis à en demander, comme on le verra par leurs lettres. (Dans le cas où il en eût été envoyé, je n'aurais pas voulu qu'ils passassent par mes mains. Néanmoins rien n'a été négligé, et nos opérations ont marché. Il importe donc à l'honneur de mes amis, au mien, que tout le monde sache ce que le Roi *doit* savoir, ce que *savent* parfaitement ses ministres, et ce que les ministres anglais ne peuvent ignorer, c'est que *la journée du 12 mars 1814, préparée, amenée de loin, concertée et opérée par mes amis et moi, n'a coûté au Roi de France et au gouvernement anglais que les trois cents livres sterling remis par M. le comte de la Châtre à mon envoyé près de M. Taffard de Saint-Germain, pour les frais de son voyage ;* qu'aucun de ceux qui ont créé, dirigé, soutenu la vraie conjuration royaliste de la Guyenne, depuis 1810 jusqu'au 12 mars 1812, n'a jamais reçu d'argent, et que chacun n'a trouvé des moyens d'exécution que dans sa propre fortune et dans la richesse de son dévouement. Si, en opposition à la simplicité de mon plan, à la modestie de nos actions, et sur des propositions séduisantes et fallacieuses, il a été sollicité *et accordé*, pendant la durée de mes opérations, quelques sommes (ce que je dois ignorer), certes, ce n'est point à mes honorables compagnons, ni à moi, qu'elles ont été données, ce n'est pas là notre affaire.

M. de la Tour, porteur de ma clef de correspondance et des dépêches ministérielles, tomba malade à son arrivée sur le continent. Ne pouvant se rendre de suite à Bordeaux, il envoya par la poste ma lettre de recommandation à M. Taffard de Saint-Germain; mais il eut la prudence de garder la dépêche qui ne devait être remise que par lui. M. Taffard, qui n'était encore au fait de rien, crut, d'après la lettre de recommandation, que celui qui l'envoyait était vraiment le commis voyageur de quelque maison de commerce avec laquelle j'étais intéressé. Il se donna beaucoup de peine pour m'envoyer sans délai toutes les informations dont il croyait que j'avais réellement besoin sur le cours des marchandises à Bordeaux, et il m'écrivit une lettre sérieusement et purement commerciale; elle n'avait rien de remarquable pour moi que le *post-scriptum* suivant, fait pour me mettre en garde contre l'individu dont j'ai eu occasion de parler, si déjà il ne m'avait eu donné lui-même tant de raisons de m'en défier.

« M. *** part, dit-on, en qualité de subré-
« cargue, sur une licence. Il va dans votre ville;
« tenez-vous sur vos gardes, défiez-vous de ces
« fortunes rapides. Il prétend que vous ne serez
« jamais riche, parce que vous êtes trop hon-
« nête homme. Cet aveu est la mesure de ses
« principes. Ne l'introduisez point auprès des
« gens de distinction, vous pourriez vous en
« repentir. Je crains qu'il ne . . . . etc., etc. »

23 avril 1813.

TAFFARD DE SAINT-GERMAIN.

Ce ne fut qu'à l'arrivée de M. de la Tour à Bordeaux, vers le commencement de mai, que l'énigme s'expliqua. M. Taffard ne voyant en lui qu'un commis voyageur, lui parla de vins, d'eaux-de-vie, etc. « Monsieur, répondit M. de la Tour en l'interrompant, *ce n'est pas de vins, ni d'eaux-de-vie dont il s'agit; c'est du* Roi ! *du* Roi, *de sa* FAMILLE *et des intérêts de toute la* FRANCE! » Alors il développa tout mon plan et communiqua toutes les instructions dont il était chargé, d'abord à M. Taffard, ensuite à M. le marquis de Larochejaquelein, qui se trouvait accidentellement à Bordeaux.

Avant de développer plus au long ce qui se passa alors à Bordeaux, je dois observer qu'au moment où je venais d'y dépêcher mon envoyé, j'eus une preuve de l'utilité et de l'opportunité de mes démarches à Londres. Quoique M. Taffard de Saint-Germain n'eût encore aucune connaissance de mon plan et de mes communications avec les ministres depuis 1810 jusqu'alors, cependant, en bon royaliste qui ne perdait jamais de vue son objet ni l'espoir de réussir, il profita de l'occasion favorable que lui offrait M. *Georges Bontems-Dubarry* fils, partant de Bordeaux pour l'Angleterre, où l'appelaient ses affaires de commerce. Il le chargea d'instructions pour moi sur l'état où la France se trouvait alors. Voici la lettre de recommandation que me remit ce brave jeune homme, que je ne connaissais point encore.

M. Rollac, à Londres.

« Le porteur de la présente est un de mes amis, M. Georges Bontems fils, de notre ville, qui va dans la vôtre pour affaires de commerce. Je vous prie de lui être utile autant qu'il sera en votre pouvoir; vous m'obligerez comme si c'était pour moi-même. Il appartient à une famille respectable. Il est également porteur de lettres que le neveu (1) et la sœur de M. Champignon (2) me prient de lui faire passer. Veuillez l'introduire et le présenter chez ce brave homme ; et quoique je n'aie pas l'honneur de le connaître, je vous prie de lui faire agréer mes hommages. *M. Georges Bontems pense comme vous et moi; vous pouvez tout lui confier.*

TAFFARD DE SAINT-GERMAIN.

---

(1) M. le marquis de Larochejaquelein, gendre de madame de Donissan.

(2) J'avais donné ce nom à M. le duc de Lorges, à l'occasion d'un pot de champignons que je lui avais porté de Bordeaux à Londres, de la part de madame la marquise de Donissan, sa sœur.

M. Bontems m'ayant remis avec sa lettre de recommandation les paquets adressés à M. le duc de Lorges par madame la marquise de Donissan, sa sœur, et par M. le marquis de Larochejaquelein, son neveu, j'allai les lui porter moi-même. Après lui avoir fait lire la lettre de recommandation, dont M. Bontems était porteur pour moi, je demandai la permission de le présenter. M. le duc me dit que devant partir le lendemain pour Hartwell, près du Roi, il fallait que M. Bontems vînt le soir même, ce qui eut lieu.

Il résultait de la lettre de recommandation, et de tout ce que me dit de vive voix M. Bontems, que M. Taffard, ignorant que j'eusse combiné un plan et fait déjà quelques efforts pour son exécution, et sachant que M. le duc de Lorges, sur la recommandation de sa sœur, avait daigné me donner des marques d'estime et d'amitié: M. Taffard désirait que je fisse à ce seigneur des ouvertures pour quelque nouvelle tentative en faveur de la cause royale, et qu'elles fussent portées aux pieds de S. M. Les circonstances m'avaient mis à même de devancer les vues de M. Taffard pour l'entreprise; mais d'un autre côté, elles m'avaient mis dans l'impossibilité de la communiquer à la personne qu'il me désignait. Depuis 1810, le ministre du Roi, M. le comte de Blacas m'avait fait donner ma parole de ne plus admettre personne dans la confidence sans autorisation. Dès-lors, quelque vénération que j'eusse pour M. le duc de Lorges, qui ne cessait de me montrer chaque jour sa bienveillance, et qui m'a rendu à Londres des services que je n'oublierai jamais, je ne pus ni ne dus lui confier mon secret, devenu secret d'Etat; et ce respectable personnage, qui a trop d'élévation dans l'âme pour ne pas me louer de ma discrétion, n'a su que j'étais l'auteur de la journée du 12 mars 1814, qu'après l'arrivée des députés de Bordeaux à Londres, et lorsque je reçus, ainsi que lui-même et plusieurs autres seigneurs, l'ordre de Sa Majesté de nous rendre à Bordeaux avec les députés, sur une frégate anglaise que le gouvernement équipait pour nous. Le Roi devait nous suivre; mais la journée de Paris, fruit de celle de Bordeaux, et qui lui succéda, fit changer ce projet.

Je ne me trouvais point lié par ma parole vis-à-vis M. Bontems, comme j'avais le chagrin de l'être vis-à-vis M. le duc de Lorges; M. Bontems était dans la confidence de M. Taffard, et les communications, les renseignemens qu'il m'apportait étaient propres tout à la fois à donner aux ministres de S. M. les garanties qu'ils pouvaient désirer, et à justifier le choix que j'avais fait de M. Taffard, pour être le principal agent, le directeur de tout ce qui devait se faire en Guyenne

Un seul entretien m'avait suffi pour connaître le mérite de M. Bontems. J'ai eu depuis bien des motifs de me féliciter de ce que M. Taffard avait placé sa confiance dans ce brave jeune homme, qui conquit la plus haute estime du duc de Wellington et du lord Dalhousie, en prouvant tout-à-coup qu'il savait, par sa présence d'esprit et sa courageuse activité, décider ces événemens dont la fortune tient souvent le succès incertain, pour l'accorder ensuite à l'audace seule de celui qui sait saisir le moment favorable (1).

Je me hâtai donc de parler de M. Bontems à M. le comte de la Châtre; et après lui avoir communiqué la lettre de recommandation de M. Taffard, je fus autorisé à l'initier dans mon plan; ensuite je le présentai à M. le comte de la

---

(1) Voyez le certificat donné à M. Bontems-Dubarry, par le lord Dalhousie, *Pièces justificatives*, n° VII.

Châtre, auquel il certifia devant moi *que l'existence d'un comité central de royalistes à Bordeaux était une imposture, et que monseigneur l'archevêque n'était à la tête d'aucun parti* (1).

Après plusieurs conférences entre M. de la Châtre et nous, Son Excellence engagea M. Bontems à terminer ses affaires le plus tôt possible, et à repartir pour Bordeaux ; elle lui fit obtenir, sous le nom de *Georges,* un passe-port pour qu'il pût être admis dans un cartel, et passer, par ce moyen plus vite en France par Morlaix. Je joins ici les lettres qu'il m'écrivit après son départ de Londres.

M. Rollac, à Londres.

Portsmouth, 28 mai 1813.

« Je suis heureusement arrivé, mon cher ; et après avoir employé la journée d'hier pour remplir les formalités nécessaires pour nous mettre en règle, je pars ce matin avec un bon vent. Je m'occuperai, dès que je serai de l'autre côté, de faire tout ce qui sera nécessaire *pour l'affaire*

---

(1) Voy. le rapport de M. Roger, *Pièces just.*, n° XII.

dont nous avons parlé ensemble. Comptez là-dessus, mon cher ami.

« Silence sur mon départ par ici. Je vous écrirai plus amplement de l'autre côté.

« Adieu, tout à vous.

G°.

M. Rollac, à Londres.

En rivière de Morlaix, le 31 mai 1813.

« Nous sommes en vue du port, mon cher ami, et je profite du retour du cartel pour vous donner de mes nouvelles et vous remercier de toutes vos attentions pour moi. A peine serai-je rendu, que je m'occuperai de faire tout ce qui dépendra de moi *pour activer nos rapports.* Soyez-en bien convaincu ; rien ne sera négligé pour cela : vous pouvez en donner l'assurance *à la respectable maison pour laquelle vous faites. Je désire bien vivement que l'occasion de leur témoigner le désir que j'ai de leur être utile se présente ; à coup sûr, je la saisirai.* J'aurai soin de donner, à la sœur du monsieur auquel vous me présentâtes, de ses nouvelles ; elle les aura bien promptement (*cette dame était la sœur de M. le comte de la Châtre*). . . . .

« Adieu, mon cher, je n'ai qu'un moment ;

le bateau de la marine arrive, et je l'emploie à vous assurer de mon sincère attachement.

« Silence sur le mode de mon départ. »

G^c.

M. Rollac, à Londres.

Bordeaux, le 13 juin 1813.

« Convaincu de tout l'intérêt que vous voulez bien prendre à ce qui me regarde, je m'empresse de vous annoncer, monsieur et ami, mon arrivée ici depuis quatre jours, et celle de mon navire depuis hier ; ce qui rend complet le succès de mon voyage. Vos lettres ont été bien exactement remises. J'ai vu, dès mon arrivée, *l'ami* (M. Taffard de Saint-Germain) *avec lequel vous êtes en rapport*. Il m'a dit vous avoir écrit par plusieurs voies. *Le commis voyageur* (M. de la Tour) *chargé des ordres de la maison* (du Roi) *l'avait vu*. Il m'a dit vous avoir écrit de quelle manière il pourrait exécuter vos ordres, etc.

« Adieu, mon cher Monsieur. Ne doutez jamais de mon sincère attachement, etc.

« Tout à vous. »

G^c Bontems fils.

P. S. M. T. (*M. Taffard*) devait m'envoyer une lettre pour vous; mais comme je devrais l'avoir depuis hier et qu'il ne me l'a pas encore fait passer, je pense qu'il ne l'enverra pas. *Il m'a dit de vous confirmer ce qu'il vous a écrit.* Les lettres devront s'être croisées avec moi.

G°.

Il est temps de revenir à mon envoyé M. de la Tour. Comme je l'ai déjà dit, une maladie l'ayant retenu, il ne put arriver à Bordeaux que dans le mois de mai 1813. M. Taffard s'empressa de l'aboucher avec M. le marquis de Larochejaquelein qui s'y trouvait alors accidentellement. Ils se réunirent la nuit, tous les trois, sur la place du Château-Trompette. M. de la Tour communiqua au marquis tout ce dont je l'avais chargé. Il insista sur la nécessité d'envoyer, aussitôt que possible, des députés au duc de Wellington; il lui parla également du ruban verd que je devais obtenir de Madame de France.

M. de Larochejaquelein, dont l'activité pour les intérêts du Roi ne souffrait point de lenteurs, ne crut pas nécessaire d'attendre de nouveaux ordres ; il partit sur-le-champ pour son poste de la Vendée, et M. Taffard se mit en mesure de remplir le sien dans la Guyenne : ces deux chefs ne devaient agir que de concert.

En même temps la correspondance entre MM. Taffard et de la Tour avec moi, sous le couvert et avec l'aide de mon fils aîné, s'établit avec autant d'activité que la difficulté des circonstances pouvait le permettre, et pendant que l'organisation s'opérait, je reçus, à différentes époques, les lettres suivantes :

M. Rollac, à Londres.

29 mai 1813.

« Le bruit court qu'il est arrivé dans un de nos ports du Poitou *une forte cargaison de cotons.* Sera-ce quelque bâtiment qui aura fait côte ? C'est ce que j'ignore ; mais, quoi qu'il en soit, si la nouvelle était vraie, ce que *le commerce* saura bientôt, je verrais avec peine que *votre maison* eût méconnu ses intérêts au point *de négliger de m'ouvrir un crédit sur une de nos places.* J'en aurais profité pour faire quelques achats, et le bénéfice en aurait servi à grossir ses moyens pour les achats des diverses productions qu'elle désire. Si j'ai mérité votre confiance, vous ne devez pas balancer un instant à me faire passer quelques fonds, surtout *si vous désirez que je fasse des voyages pour connaître d'une manière plus particulière la valeur, la quantité et le prix, soit des eaux-de-vie, soit d'autres espèces de denrées qui pourraient convenir à votre compagnie.* Il n'est pas moins important que je m'assure, en cas de forts achats, *de commissionnaires sur divers points,* et c'est une espèce de gens qu'il est nécessaire de bien connaître. *L'expérience m'a appris à m'en méfier.*

« A propos, M*** (*toujours l'individu mentionné plus haut*) est parti depuis huit jours ; il va tenter de nouveau la fortune. *Je présume qu'il a eu quelques petits succès dans son dernier voyage* ; mais il consomme ici ce qu'il acquiert chez vous. *Vous m'en avez parlé si avantageusement dans vos dernières, que je crois sage dans son intérêt, dans le vôtre et celui de tous vos amis et des siens, d'engager la maison H.... à le retenir, et à le placer ou faire placer d'une manière convenable à ses bonnes mœurs et à ses talens.*

« Il s'est écoulé beaucoup d'eaux-de-vie dans

les premières et dernières qualités, ainsi que des vins. *Cette dernière denrée n'est pas très-rare, si on n'est pas difficile sur le choix; mais il y a bien du mauvais, et c'est du bon que vous désirez.*

« Nous vous avions demandé, dans une de nos précédentes, de la cochenille ; mais c'est par erreur : *c'est de l'indigo,* dont nous tirerions un assez bon parti.

« Dites de ma part à la maison H... et C° tout ce que vous lui diriez pour vous-même. Vous seul pouvez être l'interprète de sentimens que vous connaissez. »

G. (Taffard de Saint-Germain)

« De l'*indigo* (un prince), des *cotons* (des hommes de débarquement), de l'*argent,* et surtout le *ruban* que j'ai oublié, et *auquel je tiens beaucoup* (le ruban verd de Madame Royale).

« Mes respects, je vous prie, à V/M. »

L. C. C. Derby (de la Tour).

Je donne ici la traduction d'une note qui devait m'être communiquée, et qui fut placée par M. de la Tour au bas d'une lettre écrite en anglais à une personne anglaise ; cette personne ignorait qu'il pût y avoir un sens caché :

Bordeaux, 8 juin 1813.

« M. Rollac va-t-il quelquefois vous voir ? Pourquoi n'écrit-il pas à sa famille par M. Brown ? Je ne puis concevoir pourquoi il garde si long-temps le silence. Pas un mot de lui depuis près de deux mois (1). Dans sa dernière à son fils, il ne dit pas un mot de vous. *Ses amis sont très-disposés à le servir et à s'employer pour lui de toutes leurs forces ; mais il faut aussi qu'il agisse lui-même de manière à répondre à leurs dispositions. Ses amis auraient besoin qu'il leur fît passer environ six cent livres sterling, pour faire ses affaires ici ; ils lui rendront le compte le plus fidèle de l'emploi de son argent. Mais sans crédit et sans argent on ne peut rien faire. La récolte en vins sera abondante cette année, et ceux de l'année dernière sont à bas prix, ainsi que les esprits : il n'y a donc pas un moment à perdre.*

---

(1) Beaucoup de nos lettres ont été interceptées.

M. Rollac, à Londres.

Bordeaux, 19 juin 1813.

. . . .
. . . .
Tous *vos co-intéressés ici* se refusent à expédier pour l'autre côté *les esprits et les cognacs* avant la réception des *cotons qu'ils vous ont demandés*; je vous témoignerai mon étonnement sur ce qu'il n'a été fait ici aucune mention des *sucres et des cafés que je croyais devoir arriver par Bayonne, ainsi que vous me l'aviez dit dans le temps :* il y a même plus, c'est que malgré la confiance que j'ai dans votre assertion, j'ai néanmoins fait des informations, sans pouvoir parvenir à savoir qu'il y eût *des licences* pour ce port.

Les *vins* baissent continuellement; la récolte prochaine s'annonce bien sous le rapport de l'abondance; mais si le temps continue à être aussi pluvieux (*si l'armistice continue*), la qualité sera bien inférieure.

Quelques *celliers*, dans les environs, sont encore *assez bien garnis en bons vins*, mais cela est épars, et *il faudrait beaucoup voyager pour les réunir, ce qui exigerait des avances assez considérables.* Je vous assure que si votre maison n'a pas de données bien certaines sur de *nouvelles expéditions*, ou des renouvellemens de licences (*sur la reprise des hostilités et l'envoi de troupes pour nous seconder*) elle aurait grand tort de se mettre à découvert. Telle est maintenant, et pour ses vrais intérêts, ma manière de voir. Je pense à votre spéculation sur *les chanvres* (*la Russie et la Prusse*) vous n'en dites rien : si *la paix* (*la guerre*) pouvait se rétablir comme *on l'espère*, et surtout comme *on le désire*, le commerce reprendrait (*cela ferait d'autant plus d'ennemis à l'usurpateur*); mais actuellement c'est une pauvre partie (*il n'y a guère à espérer de leur côté.*)

Ma santé se rétablit un peu ; le climat de ce pays m'est assez favorable. J'ai eu encore quelques attaques assez vives de mes *douleurs* (*les conscrits réfractaires*), notamment dans *le pied droit* (*le Midi*); mais tout cela s'est calmé au moyen de quelques palliatifs ; car je pense toujours que je n'aurai pas le bonheur de me débarrasser de cette humeur exanthématique, que le cher docteur (*Buonaparte*) appelait le vice radical ; au surplus, si, sur son mauvais fond, *la machine peut se soutenir encore un demi-siècle,* je (*Buonaparte*) n'en demande pas davantage.

Je vous ai déjà recommandé plusieurs fois un ruban qui m'était cher, et que j'ai laissé : n'oubliez pas, je vous prie, de le demander. Je regrette bien les belles occasions que vous avez perdues pour me l'envoyer.

Votre ami,

Jul. La Tour.

Les vins et les eaux-de-vie sont en calme, il me faut quelques fonds pour faire une tournée : décidez votre maison.

Je vous salue,

T. G.

Aussitôt mes lettres reçues, je les remettais à son exc. M. de la Châtre, qui les faisait passer à M. de Blacas; j'y répondais ensuite selon les instructions qui m'étaient données.

Je ne dois pas passer sous silence que dans les premiers jours de juin 1813, ma maison à Bordeaux fut un matin investie par un corps de gendarmerie. Six d'entre eux, à la tête desquels était le commissaire de police *Mazois*, entrèrent chez moi, visitèrent des caves aux greniers, fouillèrent partout, tandis que cinq ou six autres gardaient les dehors et épouvantaient ma famille et tous les habitans du voisinage. Une de mes filles en fut tellement effrayée qu'elle tomba malade, faillit mourir, et resta six mois dans l'état le plus déplorable.

J'ai tout lieu de croire, en calculant les dates et rapprochant les circonstances, que ma famille dut cette visite des sbires de l'usurpateur aux bons offices de l'homme dont j'ai déjà parlé. Il était parti de Bordeaux quelques jours auparavant, comme on vient de voir par la lettre de M. Taffard; après son retour de Londres, il était resté cinq ou six mois à Paris; puis, retourné à Bordeaux pour se rendre de nouveau en Angleterre, il avait offert à mon fils de se charger d'une lettre pour moi, disant qu'il partait le lendemain. Cependant il n'était parti que quelque temps après, et quand il me remit la lettre, à la Bourse de Londres où il me trouva, le cachet en était brisé, ce dont je lui témoignai ma surprise..... Dans cette lettre, mon fils me marquait que *le voyageur de la maison Henri était resté en route pour cause de maladie, mais qu'à son arrivée à Bordeaux on s'empresserait de le recevoir comme je le recommandais.* Il est bon d'ajouter que la même autorité qui avait ordonné la visite chez moi, crut devoir, quelques jours après, envoyer à madame Rollac une longue et belle excuse, qui fut reçue comme elle le méritait. Néanmoins, je dois dire, à la louange de cette autorité, que peu de temps après il saisit une occasion (je crois même qu'il la fit naître) pour engager secrètement madame Rollac à me prévenir de me défier de l'homme qui était parti de Bordeaux pour se rendre de nouveau à Londres. Ce même homme revint en France en 1814, vers le mois de janvier, ou février; il débarqua à Dunkerque. Comme il était d'usage alors de prendre sur les débarqués l'avis des autorités des villes où ils résidaient habituellement, ses voyages fréquens ayant sans doute donné de l'ombrage, la même autorité de Bordeaux le fit mettre sous la surveillance à Dunkerque, où il est resté jusqu'à la restauration.

Ce n'a été qu'à mon retour en France, après la restauration, que j'ai appris cette visite domiciliaire et les circonstances que je viens de détailler.

Pendant que nous prenions toutes les mesures que j'ai rapportées, son exc. M. le duc de Wellington faisait des progrès rapides en Espagne; chaque pas qui le rapprochait des frontières de France redoublait notre espoir : nous étions certains qu'en même temps qu'il combattait le pouvoir de l'usurpateur, il avait pour but secret de rendre la paix au monde, en rendant à la France ses souverains légitimes; nous étions assurés que ses désirs s'accordaient avec les instructions qu'il recevait de son gouvernement (1).

Le 30 juin, j'avais remis à M. le comte de la Châtre, la lettre de mes amis de Bordeaux, datée du 29 mai, et rapportée plus haut. Le premier juillet, il m'annonça, par un billet, que M. le comte de Blacas serait le lendemain à Londres et qu'il désirait me voir. Le 2 juillet, je me rendis chez M. de Blacas; il me témoigna le désir d'avoir une lettre de recommandation pour M. Taffard de Saint-Germain : je pris la liberté de lui demander s'il était bien sûr de la personne qui devait en être porteur? Son excellence m'assura que cette personne était du choix de Sa Majesté, qui l'envoyait dans le midi de la France et qui lui remettrait un mot

---

(1) Voyez l'extrait du discours du lord Liverpool à la Chambre des Pairs, *Pièces justificatives*, n° XVI.

pour M. Taffard. M. de Blacas me traça au crayon la teneur du billet de Sa Majesté, conçu en ces termes : *Il tarde au meilleur des pères de se trouver au milieu de ses enfans.*

Voici la lettre que j'écrivis de mon côté et que je signai cette fois du nom de *Laurend*; j'eus soin de l'adresser seulement à M. *Germain*, à Bordeaux, et de ne donner que verbalement l'adresse de M. Taffard, qui était aisée à retenir.

M. Germain, à Bordeaux.

Le porteur de la présente est *un ami du chef de la maison Henri*; je vous le recommande fortement pour tout ce dont il pourra avoir besoin. J'ai reçu votre lettre en date du 29 mai dernier, et celle de mon fils de....

Tout à vous,
LAUREND.

Ce 2 juillet 1813.

M. le comte de Blacas fit connaître mon véritable nom au porteur, qui me connaissait personnellement; mais je ne sus que c'était M. de Perrin qu'après son retour à Londres, où il me l'apprit lui-même. Il me dit qu'il avait communiqué à M. Taffard le billet du Roi; mais qu'il l'avait gardé, ce que je désapprouvai formellement, parce que le billet appartenait de droit à celui auquel il était adressé, et qu'il constatait et confirmait ses pouvoirs comme chef des royalistes de Bordeaux.

Ce fut à l'occasion de cette lettre de recommandation, sollicitée pour ce nouvel envoyé par M. de Blacas, que je priai Son Exc. de demander à S. A. R. Madame, Duchesse d'Angoulême, le ruban verd que M. de la Châtre avait toujours oublié, et que mes amis de Bordeaux demandaient dans toutes leurs lettres, avec tant d'instances, depuis que je leur avais donné l'espoir de l'obtenir. Nous y attachions tous le plus grand prix ; nous savions, nous sentions tous, les sentimens de chevalerie qu'il pouvait faire revivre, l'enthousiasme qu'il pouvait produire.

Son excellence me représenta que l'envoyé du Roi devant partir dans la soirée, il n'aurait pas le temps de faire la demande à S. A. R. « Eh « bien ! j'ai tout prévu, répondis-je, en voici « un que je vous prie de faire porter à M. Taf-« fard par votre envoyé, qui le délivrera de la « part de la Princesse; promettez-moi seulement

« d'en faire confirmer l'envoi par S. A. R. » M. de Blacas me le promit en prenant le ruban de mes mains. Puis il ajouta : « Si vous vouliez aussi en-
« voyer à vos amis des rubans du Roi, je pour-
« rais vous en faire passer de ceux-mêmes
« que S. M. a portés. » — « Je n'avais pas osé en
« faire la demande, répliquai-je ; mais si, par
« votre organe, je suis assez heureux pour que
« le Roi consente à ce que vous m'envoyiez de
« ses rubans, je les ferai passer à mes amis par
« la première occasion, et j'en retiendrai un
« pour moi. » — « C'est juste, dit Son Exc.,
« et vous pouvez compter que je vous en en-
« verrai le plutôt possible. » Nous nous sépa-
parâmes ; mais depuis, n'ayant point reçu ces rubans précieux, je n'ai jamais osé les réclamer.

Tout étant ainsi arrangé, l'envoyé partit. Arrivé à Bordeaux, il remit à M. Taffard le ruban verd avec ma lettre de recommandation et une lettre particulière de M. le comte de Blacas. J'ai su depuis, qu'en abordant M. Taffard, M. Perrin s'annonça comme porteur d'une lettre de M. le comte de Blacas. « Je ne connais
« personne de ce nom, dit M. Taffard. — C'est le ministre de Sa Majesté Louis XVIII. — « Je
« ne sais pas ce que vous voulez dire ; je ne

« connais pas les ministres de Louis XVIII. —
« Mais j'ai une lettre de M. Rollac pour vous.
« — Voyons, monsieur, dit M. Taffard, en re-
« gardant l'écriture. Ah! celui-là, je le con-
« nais; et après avoir lu la lettre, il ajouta : Eh
« bien! monsieur, sans cette lettre, je n'eusse
« reçu de vous aucune communication, quand
« c'eût été une lettre de Sa Majesté elle-même;
« j'aurais craint de tomber dans un piége. » Ce
« fut alors que M. Perrin communiqua le billet
« du Roi, qu'il retint si imprudemment en sa
« possession. »

Au mois de juillet 1813, arriva à Londres sir Nicolas *Trant*, général anglais, au service du Portugal; il venait de faire la guerre en Espagne sous les ordres de lord Beresford, dont il avait un congé d'absence. M. le comte de Durfort m'avait souvent parlé du général Trant avant qu'il arrivât, je savais que c'était un officier de vrai mérite, et grand partisan de la maison de Bourbon; il avait même obtenu du Roi la croix de St.-Louis, qui lui avait été envoyée en Portugal, par le comte de Durfort. A son arrivée à Londres, il alla voir M. le comte, et lui dit que lord Wellington était dans l'intention de pénétrer en France au premier jour. Le comte de Durfort l'informa à son tour, qu'il était assuré que Bordeaux attendait avec impatience la présence de l'armée anglaise. Le général désira une explication, la chose lui paraissant de la plus haute importance pour l'intérêt des deux nations. Le comte de Durfort lui dit que, quoique ses données fussent sûres, cependant il ne savait rien de plus, et il lui offrit de lui présenter une personne qui pourrait l'instruire de tout. Deux jours après, m'ayant introduit auprès du général, comme je l'avais moi-même désiré, le comte nous laissa seuls. Sans nommer aucun des agens que Sa Majesté daignait employer à ma recommandation, je rapportai en masse au général tout ce qui se passait à Bordeaux dans les intérêts du Roi; je l'assurai que dans toutes les lettres que je recevais, on ne cessait de me témoigner le désir de voir arriver l'armée anglaise *avec un Prince français,* dont la présence opérerait un mouvement royaliste et décisif dans cette partie de la France. Je le priai instamment, puisqu'il devait repartir bientôt, de ne pas manquer à son arrivée en Espagne de faire connaître au lord Wellington les bonnes dispositions des habitans de Bordeaux

en faveur de nos Souverains légitimes ; le général m'en donna sa parole : il reconnut que la chose était de la plus grande importance et pouvait avoir les résultats les plus heureux pour la France et pour l'Angleterre et même fixer les destinées de l'Europe. « Il n'y a point de doute,
« lui dis-je, mais prenez-y bien garde, si l'inten-
« tion du général en chef de l'armée anglaise
« est de pénétrer en France *sans un prince*
« *français,* soyez certain que les Bordelais ver-
« ront en vous des ennemis du Roi et de la
« France, et vous opposeront, dans ce cas, une
« ferme résistance ; *car ils sont Français, et le*
« *Roi et la patrie ne se sépareront jamais dans*
« *le cœur d'un vrai Français.* C'est, me répon-
« dit le général, l'opinion que j'ai des braves
« de votre nation, et c'est ce qui me fait esti-
« mer les vrais Français : et moi aussi, j'aime la
« famille des Bourbons!... Croyez-vous, ajouta-
« t-il, qu'il y ait dans les environs de Bordeaux
« beaucoup de monde prêt à se lever en faveur
« de votre Roi ? — Toute la France, repliquai-
« je avec vivacité ; oui, un Bourbon à Bor-
« deaux, et toute la France criera *vive le Roi!* »

Le général applaudit à toutes mes observations, me promit d'agir en conséquence auprès de lord Wellington, et il le fit : il m'en a donné la preuve lorsque je l'ai revu (1).

M. de Perrin resta long-temps sans donner de ses nouvelles, on était même inquiet sur son compte. Voyant que la correspondance était difficile et n'aboutissait à rien, je dis à M. le comte de la Châtre, que dans l'état des choses, il était de la plus haute importance de faire venir de Bordeaux un ou deux des nôtres, pour soumettre à Sa Majesté un plan d'opérations qui, après l'approbation de Sa Majesté et du gouvernement britannique, serait transmis au duc de Wellington, afin que l'on pût agir de concert avec lui, dès que ce général mettrait le pied sur les frontières de France. « Les circonstances deviennent pressantes et les momens précieux, » lui dis-je avec toute la force de la conviction.

Ce fut aussi l'opinion de M. de la Châtre, et il m'engagea à soumettre mes idées à M. le comte de Blacas qui était alors à Hartwell, tandis qu'il lui écrirait de son côté. J'adressai sur-

---

(1) Voyez l'attestation du général Trant, *Pièces justificatives*, n° IV.

le-champ à M. de Blacas le projet de lettre suivant pour M. Taffard de Saint-Germain, et le priai de le soumettre à l'approbation de S. M. j'étais assuré déjà par l'expérience que mes amis en comprendraient parfaitement le sens, et se hâteraient d'agir.

27 juillet 1813.

« MONSIEUR,

« *Vos arbitres viennent de décider que, pour mettre fin à votre éternelle affaire il fallait que vous envoyassiez ici deux ou trois personnes, pour attester la vérité des actes passés à Bordeaux en votre faveur. Un mémoire bien fait, pour la gouverne de vos arbitres, ferait un bon effet. Avec ce document, on pourra mettre fin aux chicanes de votre adversaire (Napoléon). MM. Henri et Ce (le Roi), la partie la plus intéressée dans cette affaire, me chargent de vous dire qu'ils paieront le voyage et les frais des personnes qui viendront ici.* »

Le lendemain, en me renvoyant cette lettre, M. le comte de Blacas me fit la réponse suivante :

M. *Rollac*, *à Londres.*

Hartwell, 28 juillet 1813.

« J'ai reçu, Monsieur, votre lettre d'hier, *et je ne vois pas d'inconvénient* à ce que vous transmettiez le billet que je vous renvoie. Il est certain que deux ou trois personnes expédiées *ad hoc*, par le comité central (1), ne peuvent qu'inspirer beaucoup plus de confiance dans les moyens et dans les plans qu'il proposera. Je n'ai encore reçu aucune nouvelle de la personne de confiance qui est partie pour Bordeaux (*M. Perrin*); mais je pense qu'elle ne tardera pas à y arriver. Soyez bien certain, Monsieur, du parfait attachement avec lequel je suis votre très-humble et très-obéissant serviteur. »

BLACAS D'AULPS.

---

(1) Ce mot annonce que M. de Blacas conservait encore, sur la prétendue existence d'un comité central à Bordeaux, présidé par l'archevêque, l'impression du mensonge de l'individu dont j'ai eu tant d'occasions de parler. Mais M. Perrin, à son retour à Londres, et plus encore la journée du 12 mars, en confirmant le démenti formel déjà donné sur ce point par M. Bontems, ont entièrement détruit l'erreur dans laquelle on avait pu être.

D'après cette autorisation officielle, j'envoyai à mon fils la lettre pour M. Taffard. Je lui recommandai de ne la remettre qu'à lui-même; et de peur qu'elle ne se perdît ou ne fût retardée par quelque accident, je lui en adressai trois copies par diverses occasions, avec d'autres instructions pour MM. Taffard et de la Tour.

Dès que M. Taffard eut reçu ma note, il s'occupa de rédiger le mémoire demandé, dont M. de la Tour devait être le porteur (1). Mais M. de la Tour ne put trouver à Bordeaux une occasion sûre pour retourner à Londres. Après en avoir vainement attendu pendant plusieurs mois, il se décida à se rendre à la Rochelle où il espérait être plus heureux (2); il m'écrivit, pour m'en prévenir, le 8 janvier 1814.

Un temps précieux s'écoula sans que je reçusse aucune nouvelle importante. Je n'entendais parler de rien, excepté par quelques petites notes apostillées de MM. Taffard et de la Tour, et que m'écrivait mon fils.

Le 1er décembre 1813, M. le comte de la

---

(1) V. la lettre ci-après de M. Taffard, p. 108 du texte.

(2) Voyez le Rapport de MM. Dufey, Legris, etc., etc. de la Rochelle, *Pièces justificatives*, n° XIV.

Châtre me prévint que M. de Blacas serait le lendemain à Londres, et qu'il désirait me voir. Je me rendis au lieu qui m'avait été indiqué. Son Excellence me demanda si M. de la Tour était arrivé, ou si j'avais des données pour croire qu'il arrivât bientôt. « Le temps est venu, me
« dit-il, où nous avons besoin des renseigne-
« mens que vous avez demandés, *afin de faire*
« *connaître au gouvernement anglais nos*
« *véritables ressources à Bordeaux* ; ils lui
« sont nécessaires, pour qu'il puisse envoyer
« au duc de *Wellington des instructions et*
« *même des ordres précis à cet égard*. M. de la
« Tour n'est point encore de retour, répondis-
« je à Son Excellence ; mais je suis de nouveau
« positivement assuré que nos amis fidèles, les
« royalistes de Bordeaux, ne feront aucun mou-
« vement, sans la présence d'un de nos princes
« à l'armée du général anglais. Vous avez eu
« communication de toute ma correspondance,
« et vous y avez vu qu'on ne cesse d'en faire la
« demande. Le Roi, me répliqua alors M. de
« Blacas, s'en occupe sérieusement en ce mo-
« ment ; et c'est pourquoi il est si important de
« faire connaître au duc de Wellington toute
« l'étendue de nos moyens dans cette partie de

« la France, afin que le général sache comment
« il pourra seconder le mouvement qui aura
« lieu, lorsque Bordeaux apprendra l'arrivée
« d'un prince sur le territoire français. »

Quelques jours après, M. de Perrin reparut enfin à Londres. Il démontra à M. de Blacas la fausseté *de l'existence d'un comité central à Bordeaux,* et il l'assura qu'il était impossible que les intérêts du Roi fussent *en de meilleures mains qu'en celles de M. Taffard.* Cette justification d'un choix que j'avais fait fut déjà une récompense pour moi ; aussi la plaçai-je à la tête de toutes les choses flatteuses que M. Perrin voulut bien ajouter sur mon compte. Il vint de suite me rendre visite ; il m'apprit que c'était lui qui avait été porteur de ma lettre de recommandation et du ruban verd, et il me donna des nouvelles de M. Taffard et de ses opérations.

Il annonça aux ministres de Sa Majesté et à moi, qu'il n'avait pu se charger lui-même du mémoire que nous attendions, parce qu'étant émigré, il pouvait être soupçonné, observé et arrêté, comme en effet il avait failli l'être (suivant son rapport), mais que nous devions espérer de voir, sous peu, arriver M. de la Tour avec ce mémoire précieux.

Cependant le mois de décembre s'écoula, et M. de la Tour ne parut point. Enfin, je reçus de lui l'avis de son arrivée à la Rochelle; et quelques jours après, je reçus de M. Taffard une lettre qui ne portait ni date ni indication de lieu; elle est trop importante, pour que je ne la place pas ici.

1814.

M. Rollac, à Londres.

« S'il est pénible, mon cher Monsieur, d'avoir des affaires litigieuses dans son propre pays, c'est bien plus douloureux encore d'être obligé de défendre ses intérêts dans une contrée étrangère, avec laquelle surtout les communications sont difficiles et rares. Les documens (le mémoire que nous attendions) que vous aviez demandés à Derby (M. de la Tour) sont près, m'a-t-il dit, depuis trois mois; mais il ne se présente point d'occasion sûre pour les transmettre.

« J'avais fait prier la maison Henri et Ce. (par M. de Perrin) de faire faire quelques remises, si elle voulait que je lui expédiasse des vins : quel motif a pu suspendre cet envoi? quelles occasions nous perdons par ces délais! J'ai pu avoir *des esprits*, même à grand marché, et il m'eût été facile de prendre du fret dans quelqu'un des bâtimens qui vont sur votre île : aujourd'hui cette denrée sera plus difficile à obtenir ; elle doit augmenter par la consommation des armées. Il s'en est fait, m'a-t-on dit, en Bourse, ces jours passés, une levée considérable (de conscrits). Vous ne m'avez pas non plus fait passer d'avis sur les *expéditions* en *sucres* et *cafés*, et surtout sur l'*indigo* que vous m'avez promis par la voie de *Bayonne*. Si vous avez tardé, je crains que vous ne puissiez plus profiter de la voie de ce port.

« Donnez-moi de vos nouvelles, je vous prie, et de vos *amis*; il y a long-temps que j'en suis privé, car c'est *véritablement une privation*.

T. G. »

« Georges B. sollicite un passe-port pour aller régler des affaires importantes relatives à son commerce; il me charge de vous prier de lui faire obtenir des passe-ports pour Londres. *Intéressez vos amis pour le servir, il mérite* cette preuve de bienveillance ; *il ne voudrait pas être retardé : ses affaires l'appellent ici* et j'ai à cœur, par l'amitié que je lui porte, de l'y voir *revenir au plutôt.* »

J'espérais, d'après cette lettre que je m'empressai de communiquer à M. le comte de la Châtre, que bientôt M. Bontems nous apporterait lui-même le mémoire. Son Excellence se hâta de faire les démarches nécessaires auprès du gouvernement anglais, pour que M. Bontems n'éprouvât aucun retard en arrivant sur les côtes d'Angleterre ; car il importait beaucoup que le mémoire fût promptement remis à Sa Majesté.

J'attendis vainement l'un et l'autre. M. Bontems fut obligé d'aller lui-même à Paris pour solliciter ses passe-ports ; et au moment où, après deux mois de séjour, il allait les obtenir, un ordre de l'usurpateur défendit d'en délivrer à qui que ce fût. Le désespoir de M. Bontems fut grand, mais il fut de courte durée. Au chagrin de ce contre-temps, succéda bientôt pour lui la joie d'apprendre l'arrivée de Monseigneur le Duc d'Angoulême sur le territoire français par la voie de l'Espagne. Il quitta brusquement Paris, et revint en toute hâte à Bordeaux, où sa présence et ses services devenaient de la plus haute importance.

En effet, le retour à Londres de M. Perrin, son rapport sur l'organisation militaire et secrette, que M. Taffart avait faite pour Bordeaux et ses environs, la demande pressante et constamment répétée d'un prince français, la marche et les succès de lord Wellington, déjà maître des Pyrénées, tout avait déterminé le Roi à ne pas attendre plus long-temps à donner des ordres pour faire passer son Altesse Royale Monseigneur le Duc d'Angoulême à l'armée anglaise. La présence, si long-temps désirée, de ce prince devait prouver à toute la France l'harmonie qui existait entre son roi et le gouvernement anglais, alors armé seulement contre la puissance de l'usurpateur.

Dans mes dernières conférences avec M. le comte de Blacas, lorsque j'insistai si fortement sur l'envoi d'un prince de la famille royale, dans les environs de Bordeaux et que son Excellence m'annonça que le Roi pensait sérieusement à y faire passer Monseigneur le Duc d'Angoulême, j'avais demandé à être du nombre de ceux qui l'accompagneraient. Je désirais ardemment l'honneur et le bonheur d'achever mon ouvrage sous les yeux de Son Altesse Royale ; j'avais d'ailleurs senti et représenté que ma présence deviendrait nécessaire pour ouvrir avec nos agens et tous nos amis des communications plus promptes, et pour opérer plus vivement aussi les changemens qui pourraient devenir nécessaires dans l'exécution des plans.

M. de Blacas m'avait répondu que cela était juste, et qu'il me ferait avertir lorsqu'il en serait temps. Néanmoins depuis cette conversation, je n'eus plus de nouvelles directes de M. de Blacas, et je ne le revis plus qu'après l'arrivée des députés de Bordeaux à Londres (1). Je fis con-

---

(1) Ce fut à cette dernière époque que M. le comte de Blacas, m'ayant mandé chez lui, eut la bonté de m'exprimer le plaisir qu'il avait à me voir, *et me dit en m'embrassant, que j'étais le premier Français qui, depuis la révolution, eût réussi dans une entreprise royaliste, et que S. M. avait vu avec satisfaction mes efforts et mes travaux couronnés par la journée de Bordeaux.* « J'ai donc « gagné le ruban de MADAME ? lui dis-je avec l'accent de « l'émotion que devaient me causer de si affectueuses, « d'aussi honorables félicitations ». *Oui,* me répondit Son Excellence, *vous l'avez gagné, et bien gagné. J'en ai parlé à* MADAME, *tout est confirmé, tout est arrangé.*
(Voyez, *Pièces justificatives*, n° XV, l'Adresse au

naître à M. le comte de la Châtre, en même temps qu'à M. de Blacas, mon désir de suivre Monseigneur le Duc d'Angoulême; mais M. de la Châtre me fit observer que plusieurs raisons de prudence exigeaient que je restasse à Londres jusqu'à nouvel ordre; que j'y pouvais être utile, surtout pour maintenir notre correspondance d'une manière sûre. Obéir et me taire était mon devoir : je me tus et je restai à Londres. . . . .

Enfin, Son A. R. Monseigneur le Duc d'Angoulême partit de Londres pour France le 12 janvier 1814, devant s'y rendre sous la protection de l'armée du duc de Wellington. Je mandai de suite à M. Taffard de Saint-Germain, que je venais de lui expédier *une des premières qualités d'indigo* par un bâtiment qui allait au passage, et je lui recommandai d'écrire à ses amis pour qu'ils *en soignassent la réception*. J'envoyai cet avis dans une lettre, que je remis décachetée, par une occasion sûre pour le Hâ-

---

Roi des Volontaires royaux à cheval, pour demander l'autorisation de porter ce ruban, et la manière aussi gracieuse que paternelle dont S. M. le confirma, en nous permettant d'y ajouter son chiffre dans un soleil d'or, ce qui a formé la décoration des braves du 12 mars 1814.)

vre : elle y arriva en six jours ; Son Altesse Royale en mit dix pour arriver au passage.

Les événemens se pressaient alors avec une rapidité et, en même temps, avec une solennité désespérante pour les partisans de l'usurpateur et encourageante pour nous. D'un côté, le congrès de Châtillon continuait ses conférences ; les puissances coalisées, avancés dans l'Est de la France, pouvaient d'un moment à l'autre signer avec l'usurpateur ou avec son fils, au nom de la régence, une paix qui eût détruit, pour quelque temps du moins, nos espérances, et ne nous eût laissé que l'affreuse ressource de la guerre civile. D'un autre côté, le duc de Wellington marchait, dans le Midi, de victoire en victoire. Cependant, quelque favorables que fussent pour nous ses dispositions et celles de son gouvernement, si les puissances continentales du Nord signaient la paix, l'Angleterre, comme puissance coalisée, ne pouvait refuser son assentiment sans nuire à son propre intérêt (1) : dès-lors, nous nous trouvions abandonnés au moment où le succès semblait prêt à

---

(1) Voyez l'extrait du discours du lord Liverpool, *Pièces justificatives*, n° XVI.

couronner nos longs travaux : il fallait donc se hâter de porter un coup décisif.

M. *Taffard de Saint-Germain*, qui était sur les lieux, sentit toute l'importance de ce moment délicat; la crise approchait, il fallait la diriger et en profiter; il fallait se hâter de donner le signal d'un mouvement général qui pût changer subitement la face de la France entière. M. *Taffard* assembla donc à Bordeaux un conseil de quelques hommes respectables avec lesquels il s'était mis depuis quelque temps en rapport; il leur exposa ses projets et l'instante nécessité de faire proclamer le Roi dans cette ville, dont le noble exemple entraînerait naturellement le reste du royaume. Le conseil délibéra pendant plusieurs heures sans rien arrêter. M. *Taffard*, mécontent de n'avoir point obtenu le résultat qu'il attendait, prit sur lui d'envoyer, sans en instruire personne, M. *Bontems* auprès de Son Altesse Royale, avec une lettre et quelques instructions verbales (1). M. *le marquis de Larochejaquelein* était déjà parti par mer le 19 février, avec M. *Queyriaux*

---

(1) Voyez la lettre de M. Taffard. *Pièces Justificatives*, n° X.

jeune, qui avait absolument voulu le suivre. Ils avaient joint le prince à Saint-Jean de Luz. M. *Bontems* partit le 2 mars, et traversa courageusement à cheval tous les postes français, notamment la division du général d'Haricault, alors en retraite de Dax et marchant sur Agen par Langon ; enfin, il arriva à Saint-Sever, près de Son Altesse Royale, et lui remit ses dépêches. Le prince le chargea de voir Son Excellence M. le duc de Wellington. Dès la première entrevue, M. Bontems, après avoir fait part au général des dispositions de Bordeaux, lui demanda instamment de faire avancer une partie de ses troupes jusqu'à la capitale de la Guyenne, pour y assurer l'arrivée de Son Altesse Royale, en balayant sa route des divers petits corps qui pourraient encore tenir pour l'usurpateur, et infester son passage. Il représenta vivement à Son Excellence que la présence du prince à Bordeaux était indispensable; que les royalistes qui, depuis le commencement de la révolution avaient vu tomber victimes de leur dévouement tous ceux qui s'étaient mis en avant, ne se leveraient plus que lorsqu'ils seraient positivement assurés que l'instant qui suivrait leur élan verrait à leur tête un prince du sang de leurs souverains légitimes ; qu'autrement il n'y aurait aucun mouvement.

Le général Wellington ignorait alors où en était le congrès. Si l'on signait la paix avec Buonaparte ou la régence, il se voyait forcé à faire retirer son armée, par conséquent à abandonner toute une grande ville et les provinces qui pourraient suivre son exemple. Retenu par cette crainte généreuse et par un sentiment d'humanité qu'on ne saurait trop louer, il résista aux instances de M. Bontems, comme il avait déjà résisté à celles de M. le marquis de Larochejaquelein. M. Bontems rendit compte sans retard à Son Altesse Royale des obstacles qu'il éprouvait. Néanmoins il ne se rebuta point ; il revint à la charge auprès du duc de Wellington. Dans plusieurs conférences, qui se succédèrent rapidement, il peignit avec tant de chaleur, tant de force, l'ardent désir, le besoin pressant qu'éprouvaient tous les royalistes de la Guyenne de saisir, à tout risque, un moment aussi décisif, que le duc fut enfin ébranlé, et demanda une heure pour prendre un parti. Au bout de ce temps, M. Bontems retourna chez le duc, près duquel il trouva *le maréchal lord Beresford.* « Eh bien,
« monsieur, lui dit le duc après les civilités

« d'usage, vous pouvez annoncer à S. A. R. que
« le maréchal Béresford partira demain matin
« pour Bordeaux, à la tête de seize cents hom-
« mes. » C'était le 6 mars que lord Wellington
donnait cette parole consolante, et les troupes
partirent le 7. M. Bontems courut rendre
compte à Son Altesse Royale du succès de sa
négociation. Monseigneur le duc d'Angoulême
lui conféra au moment même le grade de chef
d'escadron, que M. Taffard avait demandé pour
lui, et le fit repartir de suite avec une dépêche
pour le commissaire du Roi ; elle commençait
ainsi :

« M. Taffard de Saint-Germain, j'ai reçu
« votre lettre, et j'ai écouté avec beaucoup d'in-
« térêt celui qui en était le porteur. Il vous
« rendra compte des entrevues qu'il a eues avec
« moi et lord Wellington, etc. »

Après avoir tracé la marche à suivre, après
avoir donné des ordres et des instructions, le
prince terminait par recommander, *sur toutes
choses, d'épargner le sang, dans le cas où une
lutte serait inévitable.*

M. Bontems se rendit de suite à Bordeaux,
non sans danger, puisqu'il eut à traverser de nou-

veau le même pays encore infesté des troupes de l'usurpateur. Il rendit compte à M. Taffard, et au conseil qu'il présidait, de l'heureuse issue de sa mission, et de l'approche du prince français avec une escorte d'alliés anglais. On ne pouvait plus hésiter ni reculer ; il fallait tout préparer pour assurer le succès de la journée décisive (1).

Pour éloigner toute crainte d'opposition qui eût pu nécessiter des mesures vigoureuses; pour éviter tout conflit d'autorité, qui eût pu causer quelque commotion fâcheuse, M. Taffard de Saint-Germain, depuis un mois environ, s'était assuré de M. *Tozia*, adjoint du maire (*afin de paralyser ce dernier, dans le cas où ses dispositons nous eussent été contraires au moment d'agir*), et M. Tozia, qui depuis fut un des députés de Bordeaux, envoyés à Londres près du Roi, était depuis un

---

(1) Je n'ai point eu le bonheur d'assister à la scène du dénouement de notre entreprise; mais je puis garantir l'authenticité des détails qu'on va lire, puisqu'ils m'ont été donnés par mes braves compagnons, tous acteurs dans cette scène. Voyez la lettre de M. Taffard, n° X, et le rapport du colonel Roger, n° XIII, *Pièces Justificatives*.

mois dans la confidence; M. Taffard et lui y avaient mis ensuite M. *de Mondenard*, lieutenant de vaisseau et secrétaire-général de la mairie. *Le 27 février*, M. Taffard se décida à sonder le maire lui-même et lui fit remettre une lettre par M. de Mondenard; *le soir même, M. Taffard et M. Lynch eurent leur première entrevue.* Le commissaire du Roi trouva le maire dans de bonnes dispositions; M. le marquis de Larochejaquelein avait déjà eu occasion de le préparer: le jour où il partit pour aller joindre le prince, le maire lui avait exprimé tout son embarras, pour la conduite qu'il devait tenir dans les circonstances, et afin de le mettre dans la bonne voie, et de le décider en notre faveur, le marquis avait cru devoir lui faire connaître nos préparatifs. Les ouvertures que M. Taffard lui fit le 27 suivant achevèrent de fixer ses irrésolutions, et ensuite tous ces messieurs continuèrent à s'entendre pour la marche à suivre postérieurement.

Tout était donc calme et le secret bien gardé. Le 11 mars, M. Taffard donna par écrit les ordres à tous les capitaines; toutes les compagnies eurent ordre, au lieu de se charger d'armes, de se munir amplement de cocardes blanches, qui ne devaient paraître qu'au moment où le Roi serait proclamé. Un drapeau blanc fut préparé pour être arboré sur la tour de l'église de Saint-Michel, à un signal convenu, et au moment de l'arrivée du maréchal Beresford.

Enfin le soleil vint éclairer à Bordeaux le premier jour de bonheur qui eût lui pour la France depuis vingt-cinq années, le 12 mars 1814... Dès le matin, le bruit de l'approche des troupes anglaises est répandu dans la ville. M. le marquis de Larochejaquelein et M. Bontems du Barry sont déjà partis au-devant de Son Alt. Royale. Une ordonnance vient annoncer au colonel Roger (alors capitaine de la première compagnie de la Garde Royale à cheval), que le maréchal Beresford s'avance vers la ville. Le colonel Roger se rend à la mairie avec un détachement de cavalerie pour prévenir M. le maire et le précéder dans sa marche. Vers les dix heures M. le maire et ses adjoints, M. le commissaire du Roi et MM. les membres du Conseil royal, accompagnés d'une partie de la troupe fidèle, partent de la mairie, pour se rendre hors des portes de la ville ; toutes les compagnies du corps royal à pied sont distribuées sur la route, de manière à n'être point observées, mais à pouvoir obéir au premier signal. Bientôt le cortége arrive, un coup de canon se fait entendre, l'étendard des Bourbons, le vrai drapeau français se déploie; il flotte dans les airs sur la tour la plus élevée de la ville, et c'est en le montrant de la main au maréchal Beresford, que M. le maire s'avance vers le général anglais, et le salue à peu près en ces mots :

« Général, vous voyez que cette ville, où
« vous allez entrer, n'est point une ville enne-
« mie et conquise ; l'auguste prince du sang de
« nos souverains, au-devant de qui nos cœurs
« volent, et qu'en ce moment vous précédez,
« nous est un sûr garant que vous n'oublierez
« pas que c'est dans une ville de Sa Majesté
« notre Roi et l'allié du vôtre, que nous avons
« l'honneur de recevoir Votre Excellence. »
M. le maire termine son discours par le cri de
Vive le Roi !

L'éclair n'est pas plus prompt que l'effet de ce cri, qui annonce aux Bordelais le retour du bonheur pour toute la France. La masse des habitants de Bordeaux, qui, quoique royaliste, n'était point dans le secret, reconnaît tout-à-coup des alliés dans ceux qu'un moment auparavant elle considérait comme ennemis. Les couleurs de l'usurpateur ont disparu ; et la cocarde blanche, passant rapidement des mains de la Garde Royale, stationnée à cet effet, dans celles du public, ce signe sacré du royalisme est bientôt en évidence sur tous les cœurs, parce que tous les cœurs en ont le sentiment !.. Comme l'écho répond à la voix qui le frappe, de même un cri général de *vive le Roi! vive Monseigneur le Duc d'Angoulême! vive Madame! vivent les Bourbons!* répond au cri de M. le maire, et fait longuement retentir les airs. Avec la rapidité de la pensée, l'enthousiasme se communique d'une extrémité de la ville à l'autre ; chaque maison, chaque fenêtre se décore du drapeau blanc. Ivres de joie, Français (1), Anglais, Portugais, tous se mêlent, tout se confond, tout offre l'image d'un bonheur d'autant plus vif qu'il fut plus long-temps attendu, et que, même l'instant avant, il était généralement moins espéré.

A peine lord Beresford eût-il été conduit à la mairie, que le duc de Guiche y arriva, annon-

---

(1) La troupe du maréchal Beresford était composée d'Anglais et de Portugais.

çant l'arrivée prochaine de Monseigneur le Duc d'Angoulême ; à cette nouvelle, le délire redouble, l'ivresse n'a plus de frein ; d'un seul et même mouvement, toute la ville se précipite sur la route de Toulouse, chacun vole vers son prince, chacun veut tomber à ses pieds le premier, chacun veut baiser, toucher avant les autres une main qui rappelle sur la France la bénédiction du ciel; et, au milieu de cet empressement de la fidélité, aucun accident ne vient troubler l'allégresse....... Enfin, le Prince paraît ! Il entre dans Bordeaux ; Bordeaux possède un Bourbon : l'espérance est rendue à toute la grande famille ; bientôt elle va posséder le meilleur des pères !.... Les vœux des vrais Français sont accomplis ; les efforts, les travaux de mes amis, les miens sont couronnés.

PIÈCES JUSTIFICATIVES.

N° Ier.)

DERNIÈRE LETTRE

de M. le comte de Blacas à M. J. S. Rollac.

A Monsieur Sébastien Rollac, Wells-street, Oxford-street,
84
London.

Hartwell, 8 avril 1814.

J'AI reçu, Monsieur, votre lettre du 2 avril; le Roi n'oubliera point le zèle avec lequel vous avez servi sa cause.

Recevez, Monsieur, l'assurance de tous mes sentimens et la parfaite considération avec laquelle j'ai l'honneur d'être,

Votre très-humble et très-obéissant serviteur,

Signé, BLACAS D'AULPS.

(N° II.)

PREMIERE ATTESTATION

donnée par Son Excellence M. le comte de la Châtre, à M. J. S. Rollac.

J'ATTESTE que monsieur Jacques Sébastien Rollac, négociant de Bordeaux, a été employé par le Roi, depuis l'année 1810, aux correspondances royalistes; que c'est par lui et par ses *conseils* que l'on a utilisé les personnes attachées à la cause de leur souverain légitime, dans les départemens de la Gironde, qu'il a entretenu correspondance avec les chefs du parti, et particulièrement avec M. Taffard de Saint-Germain, qu'il a indiqué à Sa Majesté comme propre à conduire les affaires; et je donne cette attestation avec d'autant plus d'assurance, que c'est moi qui ai toujours correspondu avec M. Rollac, ainsi que lui même correspondait avec les royalistes de l'intérieur.

Signé, le comte DE LA CHATRE.

Londres, 1er mai 1814.

(N° III.)

ATTESTATION

donnée, par M. le comte Alphonse de Durfort, à M. J. S. Rollac.

J'ATTESTE que, vers le mois de mai 1810, M. Jacques Sébastien Rollac m'ayant été recommandé particulièrement à Londres, la manière avantageuse dont j'avais entendu parler de son dévouement absolu à la cause royale depuis le commencement de la révolution, m'engagea à raisonner avec lui sur l'état et les dispositions de la ville de Bordeaux ; et d'après la clarté des détails qu'il me donna et la solidité des réflexions qu'il y ajouta, je crus de mon devoir de proposer à M. J^s. S.^{en} Rollac de le présenter aux ministres de Sa Majesté Louis XVIII. Avec son agrément, je parlai de lui à M. le duc d'Avaray, auquel je le présentai, et, après quelques entrevues entre eux, j'appris que M. le duc d'Avaray avait écrit au Roi au sujet de M. Rollac. Bientôt après, M. le comte de Blacas vint à Londres, eut avec M. Rollac plusieurs entretiens, et me remercia beaucoup à ce sujet, lorsque nous nous vîmes ensuite à Wimbledon. Enfin, M. Rollac ayant reçu du Roi carte-blanche pour s'aboucher avec les ministres de sa majesté britannique, je le présentai moi-même au très-honorable M. Arbuthnot, sous-secrétaire d'Etat de la trésorerie, place qu'il occupe encore.

J'atteste de plus, qu'il est également vrai que ce fut M. J.^{s} S.^{en} Rollac qui désigna au Roi MM. le marquis de Larochejaquelein, Taffard de Saint-Germain, Julien Péfau de la Tour, Georges Bontems Dubarry, etc., tant pour la conduite des opérations de Bordeaux et de la Vendée, que pour la sûreté des missions et de la correspondance de Londres en France, *et vice versâ*; correspondance qui se faisait sous le couvert et au péril de M. Rollac, fils aîné, résidant à Bordeaux; que M. J.^{s} S.^{en} Rollac a été constamment intermédiaire entre ces messieurs et les ministres du Roi, MM. les comtes de Blacas et de la Châtre, et qu'enfin ce sont les combinaisons et les travaux constans de M. J.^{s} S.^{en} Rollac, secondé par ses amis, qui ont amené la journée du 12 mars 1814, journée qui, en faisant proclamer le Roi à Bordeaux, a décidé l'élan de la France et la restitution du trône à son souverain légitime.

Signé, Le comte ALPHONSE DE DURFORT.

Londres, le 2 mai 1814.

(N° IV.)

ATTESTATION

donnée à M. J. S. Rollac, par M. le général Trant, officier anglais au service du Portugal.

Je certifie que, dans le mois de juillet 1813, me trouvant à Londres en congé d'absence, le comte Alphonse de Durfort me présenta M. Rollac, habitant de Bordeaux et qui se trouvait en liaison avec la famille royale des Bourbons, comme personne de confiance reconnue par le parti royaliste de Bordeaux, et avec l'objet d'opérer une révolution dans cette ville et les environs.

A mon retour en Portugal, et vu que l'armée alliée, sous les ordres du duc de Wellington, à cette époque, était sur le point de pénétrer en France par la partie méridionale, j'ai cru de mon devoir faire mention de M. Rollac au maréchal lord Beresford, et sur sa réponse, je fus assuré que ma lettre à son sujet, ou plutôt le paragraphe qui le regardait, fut envoyé par le lord Beresford au duc de Wellington. Comme la démarche que j'avais prise était convenue avec M. Rollac, qui s'exprimait de la manière la plus enthousiaste pour le service de son Roi, je lui ai donné ce certificat en témoignage de sa loyauté.

Londres, 16 juillet 1815.

Signé, N. Trant,

Off.^{er} anglais, employé comme Brig.^{er} G.^{al} au service du Portugal.

(N° V.)

DEUXIEME ATTESTATION

donnée, par M. le comte de la Châtre, à M. J. S. Rollac.

J'ATTESTE que M. Jacques-Sébastien Rollac est arrivé en Angleterre en 1810; que depuis cette époque jusqu'à celle de la restauration du Roi sur son trône, en 1814, il n'a cessé d'être employé pour son service, successivement par MM. le duc d'Avaray, le comte de Blacas et moi; qu'il a remis, tant au gouvernement de sa majesté britannique qu'aux ministres du Roi, des plans qui en ont été approuvés et qui ont formé la base des correspondances de ce pays-ci avec Bordeaux. J'atteste également avoir proposé, de la part de Sa Majesté, à M. Rollac de se rendre à Bordeaux en 1812; mais que celui-ci ayant observé qu'il ne pouvait reparaître sans être arrêté, il fut convenu avec lui qu'il y enverrait des personnes de son choix, lesquelles ont parfaitement justifié la confiance que l'on avait en M. Rollac et en elles. Je déclare que son entremise a influé sur la détermination prise par le Roi d'envoyer S. A. R. Monseigneur le Duc d'Angoulême à l'armée de lord Wellington, et que le résultat de cinq ans de peines et de travail entre tous les braves royalistes qui se trouvaient dans le secret à Bordeaux, a fini par y faire éclater le mouvement à jamais mémorable de la journée du 12 mars 1814, dans laquelle le Roi fut proclamé.

Je dois ajouter que, pendant la dernière crise, M. Rollac s'est empressé de me proposer de nouveau ses services; je lui dois la justice d'affirmer que, depuis le commencement de la révolution, il n'a cessé de professer les principes du plus pur royalisme; qu'il en a donné des preuves dans toutes les occasions aux dépens de la sûreté de sa personne et de celle de sa famille; que la perte de sa fortune s'en est suivie, et que les malheureuses circonstances qui ont accompagné de si près la restauration du Roi, ont pu seules empêcher qu'il ait reçu la récompense due à un si noble dévouement.

En foi de quoi je lui ai délivré le présent certificat, pour lui servir et valoir en tant que de besoin.

Signé, le comte DE LA CHÂTRE.

Londres, 21 août 1815.

(N° VI.)

CERTIFICAT

*de Son Exc. M. le comte de la Châtre,
à M. J. P. de la Tour.*

Je certifie que le Roi, mon auguste souverain, m'a fait donner (en l'année 1813) ses ordres par M. le comte de Blacas, pour envoyer en France M. Julien Peffau de Latour.

J'ai été autorisé en même temps à lui promettre le grade de colonel, à lui donner sa direction sur Bordeaux, avec permission de s'y présenter en qualité de colonel, et de premier envoyé de Sa Majesté auprès des commissaires des royalistes de cette ville et du département.

Fait à Londres, le 24 août 1814.

Signé le comte DE LA CHÂTRE,

Ambassadeur de Sa Majesté Très-Chrétienne, auprès de Sa Majesté Britannique.

(N.º VII.)

ATTESTATION

du lord Dalhousie à M. Georges Bontems-Dubarry.

J'ATTESTE avec plaisir sur la demande qui m'a été faite de la part de M. de Bontems-Dubarry, chef d'escadron, actuellement à Paris, que depuis sa mission auprès de Son Altesse Royale monseigneur le duc d'Angoulême à Saint-Séver, et sa négociation auprès de Son Excellence M. le duc de Wellington, qui fut suivie de l'envoi d'une partie des troupes anglaises à Bordeaux, dont je commandais l'arrière-garde, j'ai toujours voulu depuis mon commandement en chef des troupes à Bordeaux, ainsi que monseigneur le duc d'Angoulême, que M. de Bontems-Dubarry se joignît à l'état-major, dans les mouvemens qui devinrent nécessaires pour débloquer les ports de Branc et de Saint-André-de-Cubsac. J'ajoute que, soit par ce que j'ai vu de lui, ou par ce que j'ai lu de lui, dans sa correspondance, à raison de ces deux mouvemens, j'ai jugé de ses moyens, de son intelligence et particulièrement de son courage, par sa conduite dans l'affaire qui eut lieu à Saint-Germain, près de Cubsac. Je lui réitère ici, avec satisfaction, les sentimens de mon estime très-particulière.

A Bordeaux, le 14 juillet 1814.

Signé DALHOUSIE, lieutenant-général.

(N° VIII.)

LETTRE

de son A. R. Monseigneur le duc d'Angoulême, portant décoration d'un brassard.

M. Taffard de Saint-Germain, le Roi voulant donner à la garde royale, formée par vos soins, un témoignage authentique de la satisfaction qu'il éprouve de son dévouement à sa personne et à sa cause, ainsi que du courage qu'elle a manifesté dans une circonstance qui honore les Bordelais et intéresse la France entière, Sa Majesté lui a accordé la décoration du lis et d'un brassard blanc au bras gauche, portant cette inscription : Bordeaux, 12 mars 1814. Cette grâce comprend tous ceux qui étaient inscrits sur les listes à ladite époque, ou qui ont continué à y faire le service avec un zèle, qui ne s'est jamais démenti. Il m'est agréable de vous charger de cette distribution, qui commencera par vous-même : vous dresserez un état double de tous ceux qui composaient cette garde au 12 mars (1); vous m'en ferez passer une expédition, et vous en déposerez un double aux archives de l'Hôtel-de-Ville, pour y avoir recours au besoin.

Votre affectionné.

Signé LOUIS-ANTOINE.

Bordeaux, 17 juillet 1814.

LETTRE *circulaire annexée au brevet ci-dessus, par M. Taffard de Saint-Germain, en l'adressant à tous ceux qui y avaient droit.*

A M. ROLLAC, *chargé par les Ministres du Roi, à Londres, de correspondre avec l'agent de Sa Majesté* LOUIS XVIII, *en Guienne.*

SA MAJESTÉ, voulant récompenser le zèle et le dévouement de la garde royale, a daigné lui accor-

---

(1) Cet état, qui constate l'organisation, faite par M. Taffard, pour opérer le mouvement de Bordeaux, ayant été déposé suivant l'ordre de S. A. R., j'ai cru inutile à l'authenticité de ce fait de l'imprimer ici, comme j'ai fait pour constater l'existence de l'institut.

der une distinction particulière, et a bien voulu me charger d'en faire la distribution. J'éprouve une satisfaction bien vive d'avoir été choisi par Sa Majesté pour remplir une aussi agréable commission, et pour vous annoncer que vous êtes autorisé à porter la fleur de lis à la boutonnière et un brassard blanc au bras gauche, portant cette inscription : *Bordeaux*, 12 *mars* 1814. En acceptant cette décoration, vous prenez l'engagement sacré de soutenir et de défendre la cause du Roi, au prix de votre sang et de votre vie. J'ai l'honneur de vous saluer.

Le commandant en chef de la garde royale,

Signé TAFFARD DE SAINT-GERMAIN.

Bordeaux, le 30 juillet 1814.

LETTRE *particulière de M. Taffard de Saint-Germain, à M. J. S. Rollac ; elle est écrite de sa main, à la suite du brevet et de la circulaire ci-dessus, qui sont l'un et l'autre imprimés.*

M. ROLLAC,

Je suis sûr de remplir les intentions de Sa Majesté Louis XVIII, en vous envoyant le brevet de la décoration dont il a daigné honorer la garde royale de Bordeaux. Les services que vous lui avez rendus sont d'une assez haute importance, pour vous mériter une place distinguée parmi les braves du 12 mars. *C'est à vous que nous devons le bonheur de posséder cette famille auguste, que nos vœux appelaient constamment, puisque, le premier, par vos soins et par l'activité de vos démarches, vous avez préparé les moyens d'obtenir l'heureux résultat de cette mémorable journée.* Cet hommage, que nous vous devons et que je m'empresse de vous rendre, est aussi sincère qu'il est juste.

J'ai l'honneur d'être, avec une considération distinguée,

Votre très-humble serviteur,

L'agent du Roi, en Guienne.

Signé TAFFARD DE SAINT-GERMAIN.

(N° IX.)

BREVET

DU CORPS DE LA GARDE ROYALE DE BORDEAUX,

envoyé à M. J. S. Rollac, par M. Taffard de Saint-Germain.

M. ROLLAC,

Les soins que vous vous êtes donnés à Londres, auprès des ministres de Sa Majesté Louis XVIII et de Sa Majesté Britannique, pour préparer les événemens mémorables de la journée du 12 mars 1814. et en assurer le succès, ont déterminé le corps de la garde royale, formé par mes soins, *et en vertu des pouvoirs du Roi que vous m'avez fait transmettre*, à vous admettre dans son sein. En conséquence, il a été décidé que, malgré votre absence, vous seriez compris, dans les états, comme capitaine adjoint à l'Etat-Major : vous pouvez donc désormais, en vertu de la présente commission, prendre ce titre, et en faire les fonctions toutes les fois que le cas l'exigera.

Je profite de cette occasion pour vous exprimer la reconnaissance du corps que j'ai l'honneur de commander.

J'ai l'honneur d'être,

   Monsieur,

     Votre très-humble ser—
     viteur.

Signé TAFFARD DE SAINT-GERMAIN.

Bordeaux, le 2 août 1814.

(N° X.)

LETTRE

de M. *Taffard de Saint-Germain*, à M. J. S. *Rollac*, et que ce dernier reçut, à son arrivée à *Paris*, des mains de madame la marquise de *Donissan*.

(Elle est placée ici au défaut de rapport.)

Bordeaux, 15 mai 1814.

J'ai reçu hier soir, mon cher Rollac, votre lettre, datée, par erreur, du 16 février, au lieu du 16 avril; car c'est la seule date que je puisse faire concorder avec la nouvelle reçue à Londres, de l'heureux événement de Bordeaux.

Vos reproches m'ont vivement affecté. Vous! Rollac, croire que j'ai pu vous oublier, ce serait me faire une injure directe; votre cœur se rendrait coupable bien gratuitement.

Je ne vous ai point écrit par M. le baron de Labarthe, il est vrai, mais la raison en est toute simple ; il allait monter en voiture, lorsque j'ai été instruit de son départ, et je n'ai eu que le temps d'écrire à M. de Blacas, au milieu de quarante personnes (1). Huit jours après je vous ai écrit, ainsi qu'à M. de Lachâtre, et je vois bien que ni vous, ni ce seigneur, n'avez reçu ma lettre.

Mon intention était de vous donner de mes nouvelles à Paris, mais il fallait avoir votre adresse, enfin, j'étais décidé à m'adresser à madame la marquise de Donissan, lorsque j'ai reçu votre lettre, et je vais prendre la voie qui me paraît la plus sûre, encore ne serai-je bien certain que vous l'avez reçue que lorsque vous me l'aurez annoncé de votre propre main.

Parlons de nos affaires, mon ami, dont l'importance vous est connue. Je ne peux point vous donner les détails de mes opérations ; ils seraient trop longs, et me priveraient du plaisir de vous donner de mes nouvelles. Je sais bien que vous avez appris tout ce qui s'est passé à la journée mémorable du

---

(1) M. Taffard ne m'ayant point écrit par les députés qui furent envoyés de Bordeaux auprès du Roi à Londres, et n'ayant reçu aucune de ses lettres après le mouvement de Bordeaux, je lui en fis de vifs reproches avant de quitter Londres.

12 mars; mais je sais aussi que tous les rapports ont été peu véridiques, *et que ceux qui ont le moins fait s'en sont attribué le mérite.* Je mettrai au premier rang Monsieur... : demandez-lui les dangers qu'il a courus... Ce qu'il a fait pendant dix mois pour la cause du Prince, pendant que j'étais abreuvé d'amertume, que ma vie était exposée, que j'étais obligé de découcher ; que j'avais à modérer l'ardeur inconsidérée des uns, à relever le courage abattu des autres; que j'établissais des relations; que je sacrifiais mon argent pour payer des voyages, des émissaires ; que je mettais les jours de ma famille et les miens à la merci des indiscrets, ou des traîtres. Que faisait Monsieur....? . . . .
. . . .
M. Lynch n'a été admis dans notre confidence que quinze jours avant l'événement; mais il avait été instruit de nos préparatifs quelques jours auparavant par M. de Larochejaquelein, auquel il s'était décidé à s'ouvrir, parce que les Anglais avaient forcé le passage de la Nive, et que leur entrée dans le Béarn était certaine ; parce que monseigneur le duc d'Angoulême avait mis le pied sur le sol français. *Ma première entrevue avec M. Lynch est du 27 février au soir*, époque où je lui ai écrit pour lui demander une entrevue; ma lettre lui a été remise par M. de Mondenard, lieutenant de vais-

seau, chevalier de Saint-Louis (1). J'ai seul été la cheville ouvrière; Marmajour m'a fortement secondé, nous seuls avons couru toutes les chances; c'est moi qui ai donné la veille du 12 tous les ordres, c'est moi qui ai tout dirigé. Les journaux ont dit que M. de Saluces avait le premier arboré le drapeau, *c'est faux*; plusieurs personnes y ont concouru, mais d'après mes instructions *écrites, et en partie encore subsistantes*.

M. le Maire s'est trouvé heureusement placé; il en a profité, et etc..... La lettre, que j'ai reçue de monseigneur le duc, me traçait la marche que je devais tenir; j'ai dû lui obéir, il voulait épargner le sang; il a été épargné : pour remplir ses vues, j'ai dû me servir de M. le Maire; je ne connaissais que la cause du Roi, et tout intérêt personnel devait lui être sacrifié.

Le 4 de mars, j'avais expédié Georges Bontemps à Saint-Séver, chargé d'une lettre pour le Prince; je lui ai donné de ma poche 400 fr. pour faire le voyage : il négocia, le 6, le départ des Anglais, qui ne seraient pas venus de plus d'un mois; ils étaient le 12 à Bordeaux. Huit jours plus tard, c'en était

---

(1) M. Moudenard était secrétaire-général de la mairie.

fait (les Bourbons étaient peut-être pour jamais expulsés du sol français), la paix était signée.

Depuis quelques jours je m'expliquais, dans notre conseil, sur la nécessité de faire proclamer le Roi dans notre ville; ce qui nécessairement entraînerait une foule de départemens : j'éprouvai des oppositions; on était d'avis d'attendre l'arrivée des Anglais, c'était l'opinion de quelques membres. Sans rien dire, sans consulter personne, je fis partir Bontemps, et le rapport qu'il fit à son arrivée ne laissa plus la faculté de reculer. Je ne suis jaloux du mérite de personne; mais je voudrais que chacun fût mis à sa place, et je serais très-content. Que de personnages, dont les noms sont peut-être voués à l'oubli, ont plus de droit à l'honneur de cette journée, que Monsieur.....? *Je me propose, il est vrai, de faire une relation qui servira un jour de matériaux pour l'Histoire;* une révolution qui n'a pas sa pareille mérite d'y figurer avec toutes les circonstances qui l'ont accompagnée.

Au reste, mon cher Rollac, je me jette entre les bras de M. de Blacas : vous m'avez présenté; il m'a donné sa confiance; je l'ai justifiée d'une manière honorable. La gloire est ma passion favorite, je l'avoue, mais la gloire méritée est un plus beau triomphe, et ne peut-on, sans orgueil, y prétendre ? Je remets mes intérêts entre vos mains.

Parlez de moi à M. le comte de Blacas; je lui ai écrit à son arrivée : je lui ai demandé une place dans les pages pour mon fils aîné; j'ai été forcé d'abandonner son éducation pour ne m'occuper que des intérêts du Roi (pendant un an entier). S'il vous était possible de l'engager à m'appeler à Paris, ce serait me rendre service ; autrement je ne pourrai entreprendre ce voyage qu'après le départ de notre Prince, auprès duquel je suis attaché dans ce moment. Qu'il me serait doux de pouvoir me prosterner aux pieds du Roi ! embrasser ses genoux, et lui exprimer (si des expressions pouvaient rendre mes sentimens) tout ce que je sens pour lui, et combien je lui suis dévoué !

Je vous prie de voir MM. les comtes de la Châtre et Durfort; dites-leur combien je suis sensible à leur souvenir : présentez-leur mes respectueux hommages. (Que de choses j'aurais, comme vous, à dire! et bien davantage peut-être.) Répondez-moi le plutôt possible.

Adieu; il est une heure après minuit. Je vous écris au palais, et je vais me retirer chez moi.

Je vous suis sincèrement dévoué.

Signé TAFFARD DE SAINT-GERMAIN.

P. S. Le chevalier de Perrin vous fait mille amitiés.

(N° XI.)

RAPPORTS

faits à M. Rollac, 20 mai 1814, par M. de la Tour, en trois lettres successives.

PREMIÈRE LETTRE.

Bordeaux, 20 mai 1814.

M. Rollac, à Paris.

Monsieur et ami,

Enfin, le jour est arrivé où la vérité peut briller de tout son éclat; plus de figures énigmatiques et de déguisemens; plus de feintes, nous pouvons revenir sans crainte au langage naturel : cela étant, recevez mes félicitations bien sincères sur votre arrivée à Paris; sur l'heureux succès qui vient de couronner, d'une manière si miraculeuse, vos efforts constans pendant vingt années, pour la cause illustre de l'auguste famille de nos rois.

La journée à jamais mémorable du 12 mars 1814 figurera dans nos annales, et Bordeaux sera à juste titre la première des cités du vaste empire. Quelle coïncidence ! vous rappelez-vous que mes dépêches portaient la date du *12 mars 1813*? Votre bien intéressante famille est au comble de la joie ; elles sont oubliées les larmes qu'ont fait couler les dangers et l'absence, d'une absence de cinq longues années qu'on n'a supportée que dans l'idée que vous vous occupiez sans cesse des grands intérêts, dont votre dévouement ne vous avait rendu un instant la victime, qu'afin qu'il en refluât plus d'honneur sur vous. J'ignore si son Excellence M. le comte de la Châtre a eu le bonheur d'accompagner Sa Majesté à Paris ; dans ce cas, priez-le de ma part d'oublier la manière familière dont les circonstances m'ont forcé à le désigner dans ma correspondance ; entourez-le de tous mes respects : la France ne tardera pas à connaître, sans doute, ce qu'elle lui doit ; il a droit, ce sage ministre, à toute la reconnaissance nationale.

Ce fut donc le 12 mars 1813, ainsi que je l'observe plus haut, que son Excellence M. le comte de la Châtre me remit chez vous mes dépêches signées par lui (au nom de Sa Majesté), du nom de Henri, etc. ; qu'il me communiqua de vive voix les ordres plus particuliers de Sa Majesté, en conséquence de quoi, je me rendis à Bordeaux auprès des commissaires du Roi, MM. Taffard, de Larochejaquelein, etc., etc, que vous aviez désignés à Sa Majesté, pour la direction des affaires de Bordeaux et de la Vendée, ainsi que pour ouvrir des communications avec Londres et les armées anglaises en Espagne. Dès mon arrivée en France, j'avais fait passer à M. Taffard ma lettre de recommandation dans laquelle vous l'entreteniez d'affaires de commerce; il ne vit donc en moi à Bordeaux qu'un voyageur de la maison Henri etc., auquel il s'empressait de communiquer le résultat de ses démarches, et lorsque l'interrompant, je lui déclarai de suite, à mes périls et risques, que ce dont il s'agissait était d'une autre importance et que j'étais l'envoyé du Roi : je lui remis donc mes dépêches et les lui expliquai; il me déclara qu'il avait d'abord soupçonné quelque chose ; mais que cette idée s'était bientôt dissipée ; il me parut infiniment flatté du choix que vous aviez fait de lui, pour le maintien d'une si belle cause : de semblables communications lui étant venues de la part de tout autre personne, dit-il, lui auraient été suspectes ; mais s'appuyant de tout ce que vous aviez déjà fait pendant les quinze années qui avaient précédé votre départ, et pendant lesquelles il vous avait constamment fréquenté et avait vécu avec vous dans la plus grande intimité, il ne pouvait vous refuser toute sa confiance. Ayant ordre de voir M. de Larochejaquelein, je fus assez heureux pour avoir avec lui une première entrevue, le jour même de mon arrivée. Nous nous vîmes d'abord, par les soins de M. Taffard, sur les allées de Tourny ; de là nous nous rendîmes, accompagnés de M. Taffard, sur une grande place derrière le Château-Trompette, où nous eûmes une conférence qui se prolongea assez avant dans la nuit; nous convînmes de ne nous revoir que lorsque les circonstances l'exigeraient absolument. M. de Larochejaquelein se rendit de suite dans la Vendée, et M. Taffard s'occupa de l'organisation de la garde royale. Il est bon d'observer qu'auprès de M. de la Rochejaquelein, j'avais fortement insisté sur l'occupation, au nom de S. M., de la place de la Rochelle et des îles de Ré et d'Oléron, donnant pour motifs, à une telle mesure, que ces trois points réunis et protégés par la croisière anglaise, formeraient un ensemble respectable ; qu'ils faciliteraient les communications si nécessaires avec l'Angleterre, les arrivages de munitions et de secours; qu'ils offriraient des endroits sûrs pour exercer les troupes, et surtout une retraite en cas de malheur. Tel avait été le plan, vous le savez, que j'avais soumis à son Exc. M. le comte de la Châtre, et qui avait reçu son approbation; je demandai de même qu'on fît passer des députés à S. E. le duc de Wellington : ce dernier point me fut accordé; mais quant au premier, le brave général (car d'après mes instructions au nom de Sa M., je le qualifiai ainsi) ne partagea point mon avis, son plan étant déjà calculé d'une manière qui laissait peu de doute sur un succès complet, mais qui exigeait beaucoup d'ensemble. Hélas! aucun de ces plans ne devait réussir! Je fus on ne peut plus content du général : c'est le digne frère du héros qui a illustré son nom dans l'Ouest de la France : on peut dire dans toute l'Europe, pour l'honneur et la loyauté : « Il est de la vieille souche des chevaliers français; il est de ces hommes qui ne peuvent que faire refluer de l'honneur sur ceux avec lesquels ils sont en relation. » Dès que j'eus reçu la lettre par laquelle vous me transmettiez l'ordre de Sa Majesté, pour que je fusse le porteur d'un mémoire de ses commissaires, dont l'objet était de lui exposer leurs ressources et leurs moyens d'exécution, j'en fis de suite part à M. Taffard. Notez que cette lettre m'avait été remise par votre cher fils, qui s'est constamment occupé avec exactitude et courage de tout ce qui a eu rapport à la correspondance. Le mémoire fait, j'attendis trois mois qu'on pût me faire conduire à la croisière anglaise; et enfin, désespérant de pouvoir y réussir, je pris le parti de me rendre à la Rochelle, parce qu'on m'avait fait espérer qu'il me serait plus facile de m'y embarquer.

Avant de quitter Bordeaux, j'eus une dernière entrevue avec le général de la Rochejaquelein, qui me chargea d'exprimer à Sa Majesté, combien lui et sa famille entière, ainsi que tous les braves Vendéens étaient toujours dévoués aux intérêts de sa cause sacrée, combien ils désiraient de lui en donner de nouvelles preuves etc., etc; qui me demanda surtout de lui faire connaître le plutôt possible les intentions de Sa Majesté sur l'occupation en son nom de la ville des Sables, et sur la délivrance de sa majesté le roi d'Espagne. Le général me recommanda très-particulièrement de ne faire aucune demande d'argent. Il est actuellement à Paris, vous pouvez le consulter, et par conséquent juger combien ma mémoire est exacte.

Ne pouvant parvenir non plus à m'embarquer la Rochelle, quoique je n'y eusse aucune recommandation, et que je m'y trouvasse réduit à mes seuls moyens, il m'était infiniment pénible de perdre un temps précieux, vu la circonstance, et je n'hésitai pas à entreprendre l'exécution de mon plan chéri, qui était de m'emparer de la ville, attendu qu'alors je pourrais y offrir un refuge à une armée nombreuse de mécontens.

MM. Legris, ancien négociant, Dufay, parent du général Larochejaquelein, etc., etc., Devoyez, vicaire-général de M.^{gueur} de Coucy, et mademoiselle de

Villedon de Gouvernay reçurent tous avec plaisir la communication de mon projet, et travaillèrent sans relâche à son exécution, qui aurait bien certainement eu lieu, sans l'arrivée de S. A. R. Monseigneur le Duc d'Angoulême à Bordeaux. Je leur ai remis des coupons du ruban vert qui nous avait été envoyé avec l'autorisation de Sa Majesté, par M. le comte de Blacas et vous, au nom de S. A. R. Madame, Duchesse d'Angoulême, et que nous avait apporté M. de Perrin. Je ne dois point omettre ici les noms de MM. Morisson, Chaboisseau, Lemercier, Daunis, Bourgeois, Brunet, qui sans être dépositaires de mon secret, servaient néanmoins la bonne cause avec le zèle le moins équivoque. Mon travail à la Rochelle fut suspendu un instant par un incident que j'ai fait connaître à S. A. R. Monseigneur le Duc d'Angoulême, à l'époque de son arrivée à Bordeaux où je suis venu prendre les ordres de S. A. R., lui rendre compte de ma conduite et lui offrir mes services et ma vie. Dans la nuit du 15 au 16 mars, j'ai traversé la ligne française et la croisière à Blaye, et le 16 au matin je suis arrivé à Bordeaux, que je n'ai point quitté depuis cette époque. J'ai fait mon rapport verbalement et par écrit à S. A. R. Je vous envoie ci-joint des lettres pour leurs excellences les comtes de la Châtre et de Blacas. Ma récompense est dans mon cœur; j'ai rempli le devoir d'un bon Français, et ce sentiment fait ma gloire ; néanmoins, attendu qu'un serviteur éprouvé peut toujours être de quelque utilité, faites-moi passer, je vous prie, mon brevet de colonel, qu'a dû vous remettre M. le comte de la Châtre, et rappelez-vous que la croix de Saint-Louis me fut promise en cas de succès; n'oubliez pas non plus la permission de porter le ruban verd : un bon et fidèle serviteur ne peut avoir trop de titres pour commander le respect aux nombreux ennemis qui existent encore et qui, si l'on n'y prend garde, moissonneront le champ que nous avons cultivé au péril de notre vie. Je m'en vais par mer en Angleterre, afin d'y terminer mes affaires de famille, que j'avais suspendues pour me livrer entièrement à celles bien plus importantes, qui ont décidé du sort de la France. Dieu employe de bien petits moyens, quand il lui plaît, pour arriver à de grands résultats!... Envoyez-moi, s'il vous plaît, le passe-port signé le 4 mars 1813, par S. E. lord Castelreagh (si j'ai bonne mémoire) que M. le comte de la Châtre me remit chez vous et que je vous confiai. Faites pour moi comme pour vous : si ma présence était nécessaire à Paris, mandez le moi : vous savez mon adresse à Londres. Je puis encore rester quelques jours ici. Le général de Larochejaquelein et moi avons eu l'honneur de présenter votre cher fils à Son Altesse Royale, qui lui a fait l'accueil le plus gracieux. Je crois vous l'avoir déjà mandé, dès mon arrivée à la Rochelle; il est bon de remarquer cela, j'avais envoyé mon adresse à M. Taffard ainsi qu'à madame votre épouse, qui seule m'a répondu plusieurs fois. Ma première à M. Taffard était adressée ainsi qu'il suit, et qu'il me l'avait demandé: *à M. Tribade, compagnon menuisier*, poste restante à Bordeaux; et ma seconde lui fut remise par votre chère famille. Vous voilà maintenant en possession de bien des détails.

Je vous salue de tout cœur.

Vive le Roi!!!

J. P. DE LA TOUR, *Colonel, etc.*

DEUXIÈME LETTRE.

M. Rollac, à Paris.

Bordeaux, 25 mai 1814.

MONSIEUR ET AMI,

Quoique j'aie déployé tout le zèle possible pour le service de Sa Majesté; quoique je dusse espérer, et qu'en effet je fusse plein d'espoir, je vous avouerai que j'étais cependant bien éloigné de m'attendre à un succès aussi complet. Que conclure de cela ? si ce n'est que nous sommes les instrumens dont il a plu à la Divinité de se servir; qu'avec son aide nous avons dépassé de beaucoup le but jusqu'auquel notre faible vue pouvait atteindre, et que nous n'aurions rien fait sans son secours : l'esprit de Dieu s'est fait sentir à tout un peuple; il est rentré simultanément dans le devoir; tous les obstacles ont disparu et toutes les difficultés se sont aplanies !.... Comparant de si faibles moyens à de si grands résultats, qui ne sentirait tout son néant?... Permettez que je vous rappelle une circonstance sur laquelle je vous invite à réfléchir. Lorsque je fus envoyé, au nom de Sa Majesté, auprès de ses commissaires à Bordeaux, etc., MM. les comtes de la Châtre et de Blacas n'étaient-ils pas convenus, d'une manière bien positive et bien déterminée avec nous, que toute communication de Sa Majesté avec ses commissaires, et réciproquement toute communication de ces derniers avec Sa Majesté, devrait constamment suivre la même marche, c'est-à-dire passer par notre intermédiaire ? Or quel n'a pas dû être mon étonnement, en apprenant que, probablement sans avoir pensé aux conséquences funestes que cela pouvait avoir, vous aviez remis à M. le comte de Blacas une lettre d'introduction pour M. Taffard, et que par ce moyen une communication directe s'était établie entr'eux. Il me serait impossible de vous e‑primer le mal que vous m'avez fait alors; il me suffira de vous dire que je ne conçus pas, à cette époque, comment une opération aussi importante que celle dont nous étions chargés, pouvait n'a‑voir d'autre résultats que la perte des serviteurs fidèles et de leur famille. Je frissonne encore à ce souvenir!... Aurait-on voulu faire de moi un traître, me suis-je dit? eh bien! l'on n'y réussira pas, je saurai dévorer mes chagrins cuisans, pour ne pas compromettre les intérêts du Roi; je saurai sacrifier mon amour-propre à mon devoir: je suis à même de vous l'assurer maintenant, s'il y a quelque chose qui puisse faire devier l'honnête homme, c'est sans doute l'amour-propre irrité. Votre chère famille a senti comme moi l'outrage qui m'était fait, et vous en a voulu de n'avoir pas bien pesé, dans le temps, une démarche qui pouvait la conduire au supplice. Votre zèle pour les intérêts de Sa Majesté vous a sûrement fait commettre cette erreur, qui est une grande faute en politique : il ne faut jamais mé‑contenter ceux qui sont maîtres de notre secret ; mais cela ne pouvait produire sur moi aucun effet pour la noble cause; j'étais un apôtre dévoué de Sa Majesté qui prêchais partout, avec un zèle infatigable, ses bontés royales, sa justice et sa reconnaissance. L'es‑

timable maison Nat-Johnston, celle Kyscius et Duverger où je rencontrais d'honnêtes et braves royalistes, et qui secondaient parfaitement mes vues, ont été témoins de ma ferveur pour l'illustre famille de nos rois.

Tout est heureusement terminé, je ne vous fais point de reproche, quoique vous en méritiez bien ; je ne vous rappelle donc cette circonstance, que pour vous prouver davantage que les décrets de la divine Providence s'exécutent en dépit de tout. M'avez-vous envoyé mon passe-port signé par lord Castelreagh ? j'en ai besoin. J'ai adressé le compte de ma mission aux ministres de Sa Majesté. Dans tout ce changement, qui ne m'a pas l'air de prendre la tournure à laquelle on pouvait s'attendre, ne dussé-je avoir d'autre récompense que la conscience de ma conduite fidèle et loyale, je crierai néanmoins, et de tout mon cœur : *Vive le Roi !*

Votre ami.

J. P. DE LA TOUR,
Colonel.

TROISIÈME LETTRE.

A M. Rollac, à Paris.

Bordeaux, 27 mai 1814.

Monsieur et ami,

Je vous ai souvent entretenu de ma disposition à me rendre aux ordres que vous me fîtes passer de Londres, au nom de Sa Majesté; mais je ne vous ai encore transmis aucun détail sur les circonstances qui ont accompagné l'instant que j'ai cru le plus rapproché de mon départ ; peut-être qu'il ne vous sera pas indifférent d'en savoir quelque chose.

Lors donc que M. Taffard me flattait, et se flattait sans doute aussi de pouvoir me faire conduire très-prochainement à la croisière anglaise, j'insistai auprès de lui pour qu'il me procurât une conférence avec M. de Larochejaquelein, qui en ayant reçu avis, se rendit de suite à Bordeaux et me fit connaître son intention de nous réunir à dix heures du soir chez M. Taffard, qui vint me chercher pour cet effet.

Après les premières civilités, je dis à M. de Larochejaquelein : « Général, me rendant auprès de S. M., en conséquence des ordres qu'elle m'a fait parvenir par M. Rollac, son chargé de pouvoir à Londres, pour la direction de nos affaires, il me sera infiniment précieux de pouvoir dire à Sa Majesté : Sire, à l'instant de mon départ, j'ai vu votre serviteur fidèle, le brave général Larochejaquelein, qui, lorsque je lui fus annoncé comme l'envoyé de Votre Majesté, m'accueillit avec tout l'enthousiasme d'un véritable royaliste, qui a saisi avec le plus vif empressement cette circonstance pour parcourir la Vendée et y ranimer partout le zèle des sujets de Votre Majesté, à laquelle je vais rendre fidèlement les paroles que ce général lui-même m'a confiées. »

Alors, le général me dit :

Je vous prie, Monsieur de présenter mes hommages respectueux à Sa Majesté ; de l'assurer que moi, ma famille et mes amis sommes absolument dévoués à sa noble cause et à son auguste personne ; que nous volerons au-devant de toutes les occasions que nous pourrons entrevoir de manifester notre zèle pour le service de Sa Majesté, qui peut à son gré disposer de notre fortune et de notre existence. Observez surtout de ne pas demander d'argent : tant que nous ne nous ne nous souleverons pas, nous n'en avons pas besoin ; et alors que nous leverons le bouclier, la recette nationale nous suffira.

Dites que j'attends les ordres de Sa Majesté,

1°. Pour m'emparer de la ville des Sables, à

l'effet d'y favoriser des débarquemens d'armes et de munitions;

2°. Pour délivrer Sa Majesté le Roi d'Espagne; c'est une opération dont je puis répondre d'avance;

3°. Et, enfin, pour donner à toute la population de l'Ouest le signal qui doit tout armer.

Il ajouta : Je connais le fort et le faible de toutes les administrations de ce pays.

Le préfet de Nantes est bon; beaucoup d'autres me sont également connus sous des rapports favorables.

MM. d'Autichamp et de Suzannet m'ont puissamment secondé. Quelques généraux ne sont pas contraires à nos vues; surtout un Prince pour centre de ralliement, et je réponds du reste.

Il me dit encore : Voyez de ma part mes oncles; MM. les ducs de Lorge et de Suzannet; et dites à ce dernier que son fils se conduit d'une manière digne de lui.

Ici se termina son discours. Alors nous prîmes congé de M. Taffard, qui avait entremêlé notre conversation de la lecture de quelques pages d'un Mémoire, dont je devais être le porteur.

Le général et moi quittâmes ensemble M. Taffard, et nous nous rendîmes de compagnie, avec un des amis du général, qui l'avait attendu dehors, jusqu'à l'autre extrémité de la ville.

Le lendemain j'appris que le général avait été obligé de se soustraire aux recherches de la police. Ce fut dans la maison Nat-Johnston et fils qu'on me donna cette nouvelle, qui me consterna.

A propos, je ne dois point oublier de vous dire que la maison Johnston tient un rang distingué parmi les fidèles sujets de Sa Majesté ; tous les membres de cette respectable famille ont loyalement servi la bonne cause, et c'est avec bien du plaisir que je leur rends justice. Puisse Sa Majesté connaître leur zèle, et les récompenser comme ils le méritent !

Je vous salue de tout cœur.

Votre ami,

J.-P. DE LA TOUR, colonel.

P. S. Rendez-vous donc promptement aux vœux de votre chère et aimable famille.

Londres, 30 juin 1815.

MONSIEUR,

Vous m'avez fait le plaisir de me demander une copie du certificat qui m'a été accordé par Son Excellence M. le comte de la Châtre : je vous l'envoie ci-joint (1), en vous observant néanmoins que ce même certificat ne fait point mention de ce qui m'avait été promis : vous savez, ainsi que M. le comte, que je devais recevoir la croix de Saint-Louis, en cas de succès.

Attendu que j'imagine que le motif qui vous porte à me faire cette demande, est l'intention de recueillir le plus de documens qu'il vous sera possible, et des pièces authentiques sur les circonstances qui ont préparé et amené le 12 mars de l'an 1814, je vous fais passer également 1° une copie de mon compte rendu à S. A. R. monseigneur le duc d'Angoulême, lors de son entrée dans Bordeaux ; 2° une copie de mon compte rendu aux ministres de Sa Majesté ; 3° une copie de la lettre de mes coopérateurs, à la Rochelle, etc., etc.

S'il est quelque chose de plus que vous puissiez désirer de moi, vous pouvez être assuré que je vous en ferai part avec un véritable plaisir, et avec cette franchise et cette loyauté que j'ai mises dans toutes mes transactions, et que vous m'avez toujours connues.

J'ai l'honneur d'être, Monsieur,

Votre très-humble et obéissant serviteur,

J.-P. DE LA TOUR, colonel.

---

(1) Voyez cette pièce au nombre des certificats placés plus haut, n° VI.

P. S. Je joins ci-contre la copie d'une réponse qui me fut adressée à Douvres, par M. le comte de la Châtre, auquel j'avais fait l'offre de mes services, en date du 8 avril dernier. Vous verrez par là que bien sûrement il y a un chancre rongeur qui, non seulement détruit le bien qu'on a pu faire, mais encore qui prévient celui qu'on aurait l'intention de faire. C'est la cause du terrible orage qui a éclaté sur l'auguste famille. Mais peu importe à cet être la ruine entière de la chose, pourvu qu'il se sauve sur quelques débris.

Londres, 10 avril 1815.

A M. de la Tour, à Douvres.

Je viens de recevoir, Monsieur, la lettre que vous m'avez fait l'honneur de m'écrire le 8 de ce mois. Il est très-certain que je connais votre zèle pour les intérêts du Roi; je ne laisserai pas ignorer à Sa Majesté que vous vous offrez pour en donner de nouvelles preuves, et je ne doute pas que, si l'occasion s'en présente, vos services ne soient agréés

J'ai l'honneur d'être, avec les sentimens les plus sincères, Monsieur,

Votre très-humble et très-obéissant serviteur,

Le comte DE LA CHATRE.

(N° XII.)

COPIE

du Rapport fait à S. A. R. Monseigneur le duc d'Angoulême, le 18 mars 1814, à Bordeaux, par M. J. P. de la Tour.

Monseigneur,

Parti de Londres, l'an dernier, en vertu d'ordres de Sa Majesté, à l'effet de me rendre ici et d'y voir M. Taffard aîné, signalé à Sa Majesté et à MM. les comtes de la Châtre et de Blacas par M. Rollac de cette ville, et pour lui transmettre verbalement des instructions tendantes à y ranimer l'esprit public, etc., etc., j'y suis venu et j'y ai rempli cette partie de ma mission.

Mandé au mois de juillet, pour retourner auprès de S. M., et plusieurs moyens pour m'embarquer ayant été tentés inutilement, je quittai cette ville en décembre, dans un instant où le zèle prononcé des sujets de S. M. avait compromis tout le parti ; je me conformai en cela à mes instructions, et je me rendis à la Rochelle, où, après avoir sondé l'opinion de plusieurs personnes, je finis par me dévoiler à M. Legris, ancien négociant, et je l'invitai, au nom de Sa Majesté, à faire tout son possible afin que je fusse conduit à la croisière, et en même temps pour me mettre à même de rendre service, dans le pays, à notre commun maître. Ce monsieur, tout dévoué, me mit en relation avec M. Dufay, parent du général Larochejaquelein et avec un grand-vicaire de la petite Eglise; je leur communiquai l'intention que j'avais de travailler à faire tomber la Rochelle au pouvoir de S. M. Le grand-vicaire se chargea de faire loger 1500 hommes dans des granges voisines des portes dont nous devions nous emparer, et se rendit de suite dans la Vendée, pour se procurer cette force. L'imprudence d'un conscrit réfractaire, qui déclara au maire de la Rochelle que le grand-vicaire lui avait défendu de se rendre aux ordres du gouvernement, a prévenu son retour et suspendu l'exécution de notre projet.

Enfin, j'ai donc appris lundi l'heureux événement de l'arrivée de Son Altesse Royale dans les murs de Bordeaux, et je suis parti de suite pour me rendre auprès de Monseigneur, lui offrir mes services et coopérer à l'exécution de la tâche qui reste à remplir.

Voici quelques renseignemens que j'ai pu me procurer, tant à la Rochelle que sur ma route.

Les Vendéens, divisés en plusieurs bandes, sont commandés par M. de St.-Hubert et n'agissent point encore au nom de S. M.; la présence du général de Larochejaquelein ranimerait tout ce pays et lui donnerait une direction utile.

L'esprit des partisans du tyran est consterné, et si l'on pouvait parvenir à intercepter toute communication avec Paris, on en retirerait un très-grand avantage.

Le général Rivaut, qui commande à la Rochelle, pense bien, et s'il était possible de lui envoyer un parlementaire anglais qui lui transmît les intentions de S. A. R., on déciderait bien plus promptement, je crois, du sort de cette place, qui ne renferme que quelques dépôts de conscrits et sa garde bourgeoise.

La division devant l'île d'Aix a ordre de désarmer de ses équipages, on a l'intention de former une escadrille qui protége les côtes de la Vendée et des départemens voisins.

Des débarquemens pourraient s'opérer avec avantage dans la Sèvre, qu'on peut remonter presque jusqu'à Marans;

Sur le platin du rocher derrière l'île d'Aix, etc., quinze cents hommes débarqués à l'embouchure de la Sèvre, rendraient de bien grands services dans ce pays.

Il serait de la plus haute importance de prendre à revers toutes les batteries de la côte, qui sont mal gardées, de s'en emparer ou de les enclouer; quelques colonnes mobiles de cinquante hommes seulement auraient bientôt opéré ce désarmement : elles ne devraient marcher que de nuit.

La batterie du Verdon a été enclouée par ceux qui la gardaient le 16 au matin ;

Le Stationnaire est désarmé ;

Un conseil a décidé à Blaye que la forteresse n'était pas tenable, attendu qu'elle était commandée par trois hauteurs, etc. : on s'y attendait le 15 à être attaqué sous deux ou trois jours ;

On arme une flotille sur la rivière ;

Les côtes du Médoc ne sont point gardées : on pourrait y craindre cependant quelques tentatives de la part de l'ennemi.

Je terminerai ce rapport par demander à Monseigneur la permission de présenter à Son Altesse Royale le fils de M. Rollac, l'auteur de tout ce qui s'est opéré dans ce pays, pour l'heureuse réception de Son Altesse Royale.

J'ai l'honneur d'être, Monseigneur, de Votre Altesse Royale, un des plus respectueux comme des plus dévoués serviteurs.

J. P. DE LA TOUR.

Hôtel du Prince des Asturies,

Bordeaux, le 18 mars 1814.

COPIE.

Chanollet, près la Rochelle, 18 avril 1814.

A M. de la Tour, colonel, etc.

Monsieur,

M. Dufay, notre ami commun, et moi, sommes très-sensibles et très-reconnaissans de ce que vous vous êtes souvenus de nous et de ce que vous avez fait part à notre bon prince, Monseigneur le Duc d'Angoulême, de la bonne volonté que nous avions de concourir avec vous aux moyens de le rendre maître de la ville de la Rochelle en exécutant votre projet ; nous avons, selon vos désirs, fait le rapport de ce projet et des démarches que nous avons faites pour son exécution ; nous l'avons adressé, comme vous le désirez, à M. le comte de Damas.

Je vous avoue, Monsieur, que j'ai été très-fâché de ce que vous étiez parti avant mon retour ; j'avais parlé aux demoiselles Colsins de Mauler, qui vous connaissent particulièrement et qui ont été les amies de votre famille ; j'avais ouvert une communication avec les chefs des royalites, toujours braves, de la Vendée ; ils m'ont fait écrire qu'ils devaient avoir une conférence avec nous. Nous étions prêts à partir, M. Dufay et moi, lorsque uous avons appris que Dieu avait arrangé le tout pour le mieux, et que tous les Français rentraient dans le devoir. Vous pouvez, Monsieur, assurer S. A. R. Monseigneur le Duc d'Angoulême que si les circonstances venaient à exiger un retour de notre part dans la Vendée, nous sommes prêts à partir et à donner à notre bon Roi des preuves d'un entier dévouement à sa bonne cause. Nous vous écrivons à la hâte de peur de manquer le courrier. Mademoiselle de Villedon, aussi royaliste que nous, vous dit les choses les plus honnêtes; elle conserve précieusement le petit coupon de ruban vert, et désirerait bien offrir ses hommages respectueux à l'illustre princesse qui l'a porté.

Pouvons-nous espérer que nous aurons bientôt l'avantage de vous voir et de vous embrasser?

En attendant, nous vous prions de nous croire avec les sentimens les plus vifs et les plus distingués vos bons amis et serviteurs.

Signé, DOUSSIN DEVOYER,
Grand-Prieur de Sainte-Marie, île de Ré,
Vicaire - Général de monseigneur Jean Charles de Coucy, évêque de la Rochelle.

CÉLESTE DE VILLEDON DE GOUVERNAY.

DUFAY.

P. S. de M. Dufay.

Permettez-moi, Monsieur, de vous faire un petit reproche, de ce qu'il paraît que vous avez oublié de faire mention de moi à mon parent Larochejaquelein, puisque vous ne me parlez point de lui et qu'il n'a point donné signe de vie depuis ces heureux événemens.

(N.º XIII.)

RAPPORT

de M. Roger, colonel, chevalier de S. Louis, à M. Rollac.

Les rapports d'amitié qui existent entre nous depuis dix-neuf ans doivent leur naissance à des sentimens trop louables, puisque c'est en agissant de concert pour la cause sacrée des Bourbons, que ces rapports devinrent plus intimes, pour que je vous laisse ignorer, mon cher Rollac, la conversation que j'eus, au mois de mai 1813, avec M. ***, qui se disait alors envoyé de M. le comte de Blacas, ministre à Londres de Sa Majesté Louis XVIII.

J'arrivai de Bayonne à Bordeaux, le 9 mai 1813; je me rendais à Libourne pour y régler la succession de ma belle-mère, qui venait de mourir dans la matinée du 10. Des affaires qui m'étaient personnelles m'appelèrent aux Chartrons : j'avais dépassé la maison Fenwick, lorsque j'aperçus M. *** occupé à causer avec un courtier de navire ; il s'en sépara à l'instant, et, m'accostant avec un sentiment de joie inexprimable, il me dit avec l'accent de l'enthousiasme, qu'il avait des choses de la plus haute importance à me communiquer; qu'il se croyait trop heureux de m'avoir rencontré à Bordeaux, car j'étais le seul, à son avis, qui pût lui donner des renseignemens exacts sur l'opinion des Bordelais, et sur ce qu'ils se proposaient de faire pour les Bourbons, dans la crise où était la France.

Vous savez, mon ami, comment je connus M. *** à Bordeaux; notre liaison ne fut jamais intime, puisqu'elle fut passagère; et je vous avoue que, malgré tout le désir que j'éprouvais de me jeter avec abandon dans les bras de tous ceux qui voudraient me seconder pour renverser le trône de l'usurpateur, et rappeler les Bourbons; je vous avoue, dis-je, que, n'ayant jamais vu figurer M. *** dans nos comités secrets ni dans notre organisation royale de 1796 à 1804, je ne me livrai à toutes ses questions qu'avec la plus grande réserve.

Il me conduisit chez lui, où vint nous joindre M. B....., son associé. Ce fut là qu'il me pria avec instance de lui donner un rapport exact sur l'organisation royale de l'institut de Bordeaux, qui existait depuis 1796, m'assurant qu'il ne pourrait pas donner à M. de Blacas une plus haute idée de la mission dont il en avait été honoré, qu'en lui présentant un rapport rédigé par moi, qu'il regardait comme le seul qui pût l'établir sur des bases certaines.

Les événemens dont j'avais été victime depuis 1804, la surveillance rigoureuse qui pesait sur ma tête, les vexations dont m'avait accablé le commissaire général de police de Bayonne, et les recommandations qui m'avaient précédé à mon départ de cette ville, mais surtout la légèreté et le peu de moyens que je remarquai dans la manière de s'exprimer du sieur ✱✱✱, me donnèrent une idée si désavantageuse d'un tel envoyé, que je n'osai me livrer à lui; seulement, pour m'en débarrasser, et même pour avoir l'occasion de le juger dans la suite, je lui indiquai cinq personnes que je croyais capables de diriger la nouvelle organisation de la Guienne, si on voulait se décider à la seconder franchement en Angleterre. C'est ici le cas de vous faire observer que de ces cinq personnes, dont M. ✱✱✱ inscrivit lui-même les noms sur un très-petit morceau de papier, une seule a figuré au 12 mars 1814, parce que je l'avais moi même désignée à M. Taffard de Saint-Germain. Il est donc faux que j'aie donné aucun renseignement par écrit à M. ✱✱✱ : tout ce qu'il aura dit à cet égard à M. de Blacas fut inventé par lui pour se donner de l'importance auprès de ce ministre de Sa Majesté.

Je ne revis plus M. ***, et M. Taffard de Saint-Germain, avec lequel je causai de lui, vers la fin du mois de mai, m'exhorta à le fuir, me protestant que sa mission était supposée, puisque, d'après des documens qu'il venait de recevoir de Londres, vous étiez le seul avec lequel MM. les comtes de Blacas et de la Châtre avaient des rapports, et que c'était vous qui aviez désigné les individus qui devaient être chargés de l'organisation secrète de Bordeaux et de la Vendée; que, d'ailleurs, vous lui aviez expressément recommandé de se méfier de M. ***.

Voilà, mon ami, où se bornèrent les soi-disant communications importantes que je fis au sieur ***. J'ai dû vous les rapporter avec franchise et pour mon honneur et pour votre satisfaction; car, en me livrant à lui, c'eût été donner une idée peu favorable de mes principes et de ma délicatesse, et vous dépouiller, en quelque sorte, du mérite réservé à vous seul, d'avoir fait éclore la journée du 12 mars 1814.

Quoique je sache bien que MM. Taffard de Saint-Germain et Bontems-Dubarry, nos amis communs, auront dû vous transmettre les détails des événemens de cette mémorable journée, je ne peux cependant résister au désir de vous en parler aussi, et de vous signaler quelques faits qui me sont personnels, quoiqu'ils soient antérieurs à cette célèbre époque de la restauration. En vous les communiquant, je n'éprouve que le désir de vous indiquer des personnes qui ont puissamment concouru à la gloire acquise : plusieurs Bordelais ont livré au public quelques réflexions sur les circonstances qui accompagnèrent ce beau jour ; mais leur récit eût été bien plus intéressant, s'ils l'avaient fait précéder par des observations qui eussent rappelé les mystères qui préparèrent une époque où toute la ville de Bordeaux participa en masse; mais dont l'essort n'est dû qu'à un très-petit nombre de personnes.

Je viens à mon but, et je remonte au mois de novembre 1813. Les événemens militaires se succédaient avec une telle rapidité au nord et au sud de l'Europe ; le mécontentement des Français était si général, les inquiétudes des uns sur le renversement du gouvernement, les espérances des autres sur sa prochaine fin, rendaient les actes des autorités si incertains, si réservés, et annonçaient aux vrais amis du Roi la chute de l'usurpateur tellement rapprochée, que je résolus, au péril de ma vie, de quitter Libourne, lieu de ma surveillance, pour aller joindre, à Bordeaux, M. Taffard de Saint-Germain, que vous y aviez fait nommer commisaire du Roi. Je revins donc à Bordeaux dans les premier jours du mois de novembre ; je m'y rendis sans passe-port ; seulement je prévins M. le sous-préfet *Lagrèze* que des affaires de famille m'appelaient à Bordeaux, où je resterais peu de jours. Je lui annonçai mon départ moins pour me soumettre aux obligations de ma surveillance, dont il était responsable, que pour me mettre à l'abri des persécutions de M. *Joliclair*, commissaire-général de police. Cette précaution me devint très-utile.

Il y avait à peine huit jours que j'étais dans Bordeaux, lorsque je reçus une lettre de ma femme, qui m'annonçait que M. Joliclair avait écrit à M. le sous-préfet Lagrèze, pour lui demander ce que j'étais venu faire à Bordeaux, et s'il m'avait autorisé à m'y rendre. M. le sous-préfet expliqua le motif de mon voyage, et répondit affirmativement. Alors le sieur Joliclair me fit prévenir de passer au commissariat général. J'hésitai pendant vingt-quatre heures entre la résolution d'obéir à cet ordre, ou de me cacher; mais quelques amis, auxquels je fis part de ma position, m'exhortèrent à me rendre au commissariat.

Je ne songe jamais à la conversation que j'eus avec ce chef de la police, sans être pénétré de la plus vive indignation contre lui, et être saisi d'un étonnement bien fondé de ce que cet homme, qu'on dit être celui qui fut commis pour arrêter le duc d'Enghien, et que l'on désigne comme le persécuteur des Génois, ait été remis en place peu de temps après la restauration. Voici les questions qu'il me fit :

En vertu de quel pouvoir êtes-vous venu à Bordeaux? — J'en avais l'autorisation de M. le sous-préfet. — Que venez-vous y faire? — Vaquer à mes affaires. — Pourquoi, dès votre arrivée, ne vous êtes-vous pas présenté au commissariat? — J'ai dû négliger cette formalité, puisque je n'avais point de permis à faire enregistrer, et, d'ailleurs, pouvant justifier de l'autorisation verbale de M. le sous-préfet, j'ai pensé que cette mesure n'était point de rigueur, puisque je n'avais que peu de jours à séjourner à Bordeaux.— Quelle sorte d'affaires vous y appelle ? — La négociation d'un contrat de 2,500 fr. — Je le sais, et suis certain que vous ne pourrez y réussir. C'est par cette raison que je vous ai mandé pour vous offrir le montant de votre contrat, sous la condition cependant que vous me désignerez les royalistes de la ville et leurs complots. — Je ne connais point ces royalistes et leurs complots. — Vous avez tort de ne pas m'avouer franchement leurs noms et leurs manœuvres, non seulement à cause de vos intérêts, mais parce qu'il est toujours glorieux pour un bon Français de signaler à l'autorité les factieux et les conspirateurs. Vous devez souffrir, me dit-il, de votre position;

et si vous vous décidez enfin à me dévoiler la plus petite chose, je vous promets, au nom de l'empereur, de placer vos enfans dans un lycée, et de vous accorder tel emploi civil ou militaire que vous pourrez désirer, et provisoirement de vous compter le montant de votre contrat. — Je vous répète, Monsieur, que je n'ai aucune connaissance des complots dont vous me parlez, et que je peux me passer de vos offres. — Il ajouta qu'*il était instruit* que je ne jouais aucun rôle parmi les conspirateurs, quoiqu'il me soupçonnât de ne pas être étranger aux cartes lancées dans le parterre de la salle de spectacle (1), à raison de la surveillance qui pesait sur ma tête; mais qu'*il était informé* que, s'il y avait un mouvement dans Bordeaux, je serais désigné par les royalistes pour un commandement supérieur. — Je lui répondis que toutes ses présomptions étaient fausses, et je me disposais à sortir, lorsque, fermant la porte de son cabinet, que je venais d'ouvrir, il me dit : Je vous donne trois jours pour réfléchir à ce que je vous ai demandé.

---

(1) C'étaient M. Dangas, fils de madame Latapie de Bordeaux, M. Simon fils, et M. Gipoulon, capitaine d'une compagnie. Sur les cartes qu'ils avaient jetées, était inscrit, je crois : *A bas le tyran! vivent Louis XVIII et les Bourbons!*

Ce délai expiré, je prendrai d'autres moyens pour savoir de vous, ce que vous refusez à la condescendance que j'ai eue avec vous aujourd'hui, par égard pour votre famille. Je sortis enfin de chez lui, en promettant de revenir; mais en me promettant intérieurement le contraire.

J'avais à peine dépassé le seuil de cet antre infernal, que je fus me réfugier chez notre ami Badens, capitaine de la compagnie d'infanterie d'élite de la garde royale Bordelaise, formée, ainsi que toutes les autres, depuis le mois de juillet 1813; je restai caché chez lui jusqu'au 23 novembre. J'étais couché dans le même lit qui avait servi à notre brave et digne ami M. le marquis de Larochejaquelein. Pendant tout le temps que je restai chez le brave Badens, j'eus pour compagnon de solitude le jeune Moureau, conscrit réfractaire, que cet ami avait accueilli chez lui, pour le soustraire aux recherches de la gendarmerie. Ce jeune homme, d'un royalisme prononcé, était doué d'une grande intelligence et d'un courage à toute épreuve.

M. Taffard de Saint-Germain, qui était venu me voir plusieurs fois chez notre ami Badens, m'ayant annoncé que M. Joliclair ne s'occupait plus de moi, ou feignait de ne plus y songer, m'avait décidé, par cet avis, à reparaître en public. Je jouis pendant une dixaine de jours d'une entière sécurité, qui fut de nouveau troublée par une invitation du commissaire-général de police, qui m'enjoignait de venir lui parler : c'était le 18 décembre; je résistai encore pendant vingt-quatre heures à céder à cette invitation, présumant bien que cette deuxième entrevue serait orageuse; mais en ayant conféré avec M. Taffard de Saint-Germain, il insista pour que je subisse cette deuxième épreuve, me faisant sentir, par des observations justes, qu'il pourrait en tirer un avantage utile à nos desseins, et qu'il était par conséquent indispensable, pour le bien de la cause, que je n'hésitasse pas à lui donner cette preuve de mon dévouement; qu'au reste il me promettait de ne point m'abandonner à la vengeance de Joliclair, et qu'une vingtaine de braves entoureraient l'hôtel du commissariat-général de police, pour m'enlever de vive force, si j'y étais retenu prisonnier. Je me rendis donc, sur la foi de l'honneur, et pour le bien de la cause, chez M. Joliclair. Je ne vous parlerai pas, mon ami, de cette nouvelle conversation avec lui; ses questions furent absolument calquées sur les premières, et mes réponses, dans cette deuxième circonstance, absolument les mêmes; mais je dois vous observer que ma séance chez Joliclair étant plus longue que ne l'avaient fixée ceux qui veillaient à ma conservation (1), ils s'imaginèrent que Joliclair me retenait prisonnier. Ils délibéraient entr'eux sur les moyens de pénétrer dans son bureau particulier où ils me supposaient retenu jusqu'à l'arrivée des gendarmes. Lorsque je sortis de l'hôtel et reparus au milieu de mes amis, ils m'apprirent leur résolution qui m'émut jusqu'aux larmes : elle me rappelait, dans ce moment, ce que j'avais fait moi-même pour enlever des émigrés condamnés à mort, et je me sentis pénétré d'un sentiment de reconnaissance, qui s'accrut bien davantage, lorsqu'arrivés au café Helvétius, où nous nous rendîmes ensemble, ils me choisirent pour leur chef. Voici le brevet provisoire (2) que me donna le

---

(1) C'étaient MM. Taffard de Saint-Germain, Dubreuil, Jorset de Pommier, lieutenant de ma compagnie, le comte de Pontajon, sous-lieutenant, Peycherie fils, maréchal-des-logis chef, Badens, Dattagnan, et plusieurs volontaires de sa compagnie, dont je regrette bien sincèrement de ne pas savoir les noms.

(2) M. Roger, je vous fais savoir que j'ai été chargé, par un ordre de S. M. Louis XVIII, qui m'a été transmis par ses ministres à Londres, d'organiser un corps royaliste dans la province de Guyenne, et que, d'après votre attachement à notre souverain légitime et votre capacité, je vous ai désigné pour commander la compagnie de cavalerie que vous avez formée d'après mes ordres.

Je vous déclare cependant que le présent brevet n'est que

commissaire du Roi. Ma compagnie fut donc organisée et désignée sous le nom de *Chevau-Légers de la garde royale bordelaise.*

L'organisation générale de nos compagnies royales étant achevée, grâce aux soins et à l'infatigable activité de M. Taffard de Saint-Germain, chacun des chefs sentant approcher l'heure de notre délivrance, tout le monde rivalisait de zèle et de dévouement; jamais une si noble cause n'avait inspiré (dans des circonstances semblables, mais dans un autre temps) un plus saint enthousiame et autant de résolution.

M. Taffard de St.-Germain n'ayant à s'occuper que d'entretenir dans l'âme des royalistes ce feu sacré qui vivifiait toutes leurs actions, vint nous annoncer le 26 février au soir, en passant la revue de ma compagnie, que le même jour M. le comte Lynch, maire de Bordeaux, s'était réuni à notre cause, et que

---

provisoire, jusqu'à ce qu'il ait obtenu la ratification de S. M. Je suis convaincu que le zèle, l'activité, le courage dont vous avez déjà donné des preuves en plusieurs occasions, ne se démentiront pas dans celle-ci, et qu'ils vous mériteront la bienveillance du Roi.

Signé, Taffard de Saint-Germain,
chargé de l'organisation d'un corps de royalistes dans la province de Guyenne.

Bordeaux, le 20 septembre 1813.

cette heureuse nouvelle lui avait été donnée par MM. Tauzia, adjoint, et de Mondenard, secrétaire de la mairie, tous les deux intermédiaires et des nôtres. Le 27, M. Taffard eut une entrevue avec M. le maire; il nous assura aussi que M. le préfet, Val de Suzenai, se rangerait, en temps et lieu, sous nos bannières.

C'est ici le cas de vous observer que monseigneur l'archevêque de Bordeaux, qui gémissait, comme tous les amis du Roi, de la tyrannie de Bonaparte, ne fut informé que légèrement de notre organisation, et que M. *** s'est bien trompé, lorsqu'il a dit à M. le comte de Blacas que ce respectable prélat était, dès 1812, à la tête d'un conseil de royalistes.

Enfin, le 11 mars, à six heures, M. Taffard de Saint-Germain dépêcha des ordonnances à tous les chefs des compagnies. M. Lercaro l'aîné, sous-lieutenant dans celles des Chevau-Légers, qui était de service auprès de lui, me remit l'ordre du jour pour le lendemain, 12 mars 1814; je le communiquai à mes braves et loyaux cavaliers (1), et leur

---

(1) *Ordre du 11 mars, six heures du soir.* — Les MM. du corps de cavalerie qui auront des chevaux à leur disposition, se réuniront samedi matin, à huit heures, chez M. Désiré, rue

ordonnai de se trouver réunis à cinq heures du matin, dans les écuries du sieur Miquelet, loueur de chevaux, rue Leyteyre.

M. Taffard de Saint-Germain arriva à minuit, accompagné de M. Bontems Dubarry, notre chef d'escadron, pour nous annoncer quelques dispositions particulières qui étaient relatives à ma compagnie ; je lui observai que nous dérogerions à son ordre, de nous réunir chez M. Désiré, rue Nationale, parce que les écuries de M. Miquelet étaient plus rapprochées de la commune.

Le 12 mars, à sept heures du matin, l'ordonnance que j'avais envoyée chez M. Taffard de Saint-Germain, m'apporta l'ordre ultérieur, que je fis exécuter sur-le-champ (1).

Nationale, où ils recevront des ordres ulterieurs : ceux qui n'auront point de chevaux se réuniront à dix heures et demie, sur la place Saint-Julien ; ils se muniront d'une cocarde blanche dans la poche, qu'ils fixeront à leur chapeau au cri de *vive le Roi !* Une ordonnance se trouvera au cours d'Aquitaine, n° 76, pour y prendre l'ordre ultérieur.

Signé, TAFFARD DE SAINT-GERMAIN.

(1) *Ordre du jour.* M. Roger enverra une ordonnance sur la route de Toulouse, à un quart de lieue de distance du port de la Maï. Dès que celui qui sera chargé de cette mission verra de loin revenir un soldat à cheval de la Garde municipale, vêtu de rouge, il se rendra auprès de M. le maire pour le prévenir ; ce

Dévoré d'une sainte impatience, désolé de ne pas jouir dès l'aurore de ce bonheur incomparable, dont nous goûtâmes toute la jouissance dans le courant de la journée, je me rendis, au retour de mes estafettes, à la mairie, à la tête de mon détachement de cavalerie, et dès que je fus prévenu de l'arrivée de l'avant-garde de l'armée anglaise, je fus l'annoncer à M. le comte Lynch, qui me dit être prêt à se rendre au-devant du lord Béresford. Je descendis à la hâte dans la cour de la mairie, fis atteler les chevaux à la voiture de M. le maire, et j'envoyai sur-le-champ M. Moureau l'aîné, suivant l'ordre de M. Taffard de Saint-Germain, pour faire hisser, au premier coup de canon, le drapeau blanc sur la tour de l'église de Saint-Michel. Dès que M. le maire eut monté dans sa voiture, suivi de celle de M. Taffard de Saint-Germain, de MM. les membres du Conseil royal et de MM. les adjoints du maire, je me portai à cent pas en avant du cortége, et ne m'arrêtai qu'à la jonction des deux chemins de

---

sera un indice que les Anglais approchent. Il suffira que cette estafette parte à neuf heures précises. Après avoir rempli sa mission auprès de M. le maire, il se rendra au quartier du corps, qui montera sur-le-champ à cheval, pour se rendre à l'Hôtel-de-Ville.

Signé, TAFFARD DE SAINTGERMAIN.

Saint-Julien et des Capucins (route de Toulouse et de Bayonne), où nous rencontrâmes lord Béresford avec tout son état-major. Alors M. Lynch descendit de sa voiture, ainsi que M. le commissaire du Roi et les membres du Conseil royal. Il monta sur un cheval qui lui était destiné, et harangua le noble lord. Son discours achevé, il jeta son écharpe rouge, prit la blanche, et cria avec chaleur : *Vive le Roi! vivent les Bourbons!* A l'instant, nous arborâmes tous la cocarde blanche, pour laquelle nous soupirions depuis si long-temps, et nous reprîmes le chemin de la mairie, où nous accompagnâmes le noble lord. A peine nous y arrivâmes, que M. le duc de Guiche y descendit annoncer la présence prochaine de S. A. R. Monseigneur le duc d'Angoulême.

A cette nouvelle inattendue pour ce même jour, nous prîmes de nouveau la route de Toulouse, où une foule de personnes à pied, à cheval, se précipitèrent pour jouir les premiers de la vue de ce bon prince. Je fis halte au pont de la Maï, où j'avais l'ordre de m'arrêter avec mon détachement. A deux ou trois heures du soir, S. A. R. Monseigneur le duc d'Angoulême y arriva, accompagné de M. le marquis de Larochejaquelein, de M. le comte Etienne de Damas-Crux, M. le duc de Guiche, M. le marquis de Labarthe, etc., etc. Nous escortâmes S. A. R., qui s'arrêta dans une maison, près la chapelle du Bequet, pour y changer d'habit et prendre son cordon bleu ; nous avançâmes en ordre jusqu'à la jonction des deux chemins, où trois heures avant lord Béresford avait été accueilli, et où M. le comte Lynch attendait S. A. R. Dès que M. le maire aperçut ce bon prince, il se prosterna, pour ainsi dire, à ses pieds ; ainsi que toute la population qui environnait S. A. R., et lui adressa un discours respectueux, mais plein de sentiment. Il est impossible, mon bon ami, de vous dépeindre l'enthousiasme général. La plume la mieux exercée, l'écrivain le plus chaleureux et même le plus royaliste, sera toujours au-dessous du tableau que nous présentions. Tout le monde pleurait de joie : les femmes, les vieillards, les enfans mêmes, qui ne connaissaient que par tradition les vertus et les bontés des Bourbons, remerciaient à genoux le ciel de nous avoir rendu le petit-fils d'Henri IV. Non, jamais on ne verra un plus beau jour ; car, je vous le répète, la présence de S. A. R. était inattendue du public.

Nous parvînmes, avec beaucoup de peine, à la cathédrale, où le flux et le reflux des habitans enlevèrent le prince, dès qu'il eut mis pied à terre, et le portèrent, sans danger et en un clin d'œil, jusqu'aux marches de l'autel, avec le respectable archevêque qui l'attendait à la porte de l'église. Malgré tant de monde qui se pressait avec ardeur autour de S. A. R., personne ne reçut aucune contusion. On n'entendait que des voix s'écrier, avec l'accent le plus fort et avec sentiment : *vive le Roi ! vive le duc d'Angouléme ! vive Madame ! vivent les Bourbons !* Lorsque S. A. R. se fut agenouillée sur les coussins qui lui étaient préparés, Monseigneur l'archevêque entonna le *Te Deum*. A l'issue de ce chant de bénédictions, nous escortâmes le prince à la mairie, et de là à son palais, où il ne descendit qu'à sept heures du soir. Je pris le commandement de la garde intérieure du palais, et je puis vous assurer qu'on n'entendit toute la nuit que des cris de joie, et ces cris si chers à nos cœurs : *vive le Roi ! vive le duc d'Angouléme ! vive Madame ! vivent les Bourbons !* A minuit, un incident me força à éveiller M. le comte de Damas-Crux, pour lui demander le changement du mot d'ordre, ce qu'il fit, malgré tout le besoin qu'il avait de goûter un sommeil non-interrompu, avec cette grâce et cette bonté qui s'étaient bannies de France depuis si long-temps avec ces loyaux chevaliers.

J'avais oublié de vous dire que le même jour où je quittai l'asile que m'avait donné le brave Badens, notre ami, mon fils, pour se soustraire à la conscription, fut se cacher chez cet ami, qui le garda chez lui. Il n'en sortait de temps en temps, le soir ;

que pour s'informer de ce qui se passait dans ma compagnie, dont il était le brigadier-fourrier. Il resta caché jusqu'au 10 mars 1814.

Je pense, mon ami, que ces détails, tout mal écrits qu'ils le sont, vous seront agréables par leur exactitude. Je vous autorise donc à en faire l'usage que vous voudrez.

Recevez, mon bon ami, l'assurance bien sincère de mon attachement pour vous.

Votre affectionné de cœur,

Le colonel ROGER,
chevalier de Saint-Louis.

Paris, le 6 novembre 1814.

A Monsieur,

Monsieur Rollac, hôtel des Négocians, rue de Richelieu.

(N° XIV.)

LETTRE et RAPPORT
de MM. Legrix, Dufay, etc., à M. Rollac, à Paris.

Monsieur,

Ayant eu occasion d'écrire à mon fils (1) le 25 du mois dernier, il vous aura sans doute informé que j'avais eu l'honneur de recevoir votre lettre du 21 du même mois, par laquelle vous me demandiez le rapport entier dont je ne vous avais donné que le précis; pour remplir vos vues, je me transportai dimanche dernier à Chagnollet, distance d'une lieue de la ville, dans la maison de mademoiselle Céleste de Villedon, fidèle royaliste, où je trouvai dans ce village mes coopérateurs (car c'est dans cette maison où nous nous réunissions pour concerter nos opérations, et que nous retirions les personnes qui voulaient se soustraire du service de l'usurpateur, soit pour les faciliter d'aller à la Vendée pour s'enrôler dans l'armée royaliste, soit

---

(1) M. l'abbé Legrix, prêtre-clerc de la chapelle du Roi.

pour les aider à se transporter du côté des frontières pour joindre le Roi.

J'ai donc l'avantage de vous remettre, ci-inclus, ce rapport, en nous rappelant les uns et les autres toutes les circonstances qui ne sont que la vérité et rien que la vérité. Sa Majesté verra notre entier dévouement pour sa personne sacrée, et le zèle qu'il a été possible de mettre ; que nous avons été prêts à sacrifier notre vie, et que nous la sacrifierons toujours dans toutes les occasions où nous pourrons lui être utiles, et dont nous lui aurions donné les preuves les plus sincères sans les circonstances heureuses de mars 1814.

Je conserve bien précieusement le petit morceau de ruban vert dont M. de la Tour m'a fait l'inestimable présent selon l'autorisation qu'il en avait reçu de Madame, duchesse d'Angoulême, de n'en donner qu'à ceux dont il reconnaîtrait le parfait dévouement pour Sa Majesté et son auguste famille. Je serais bien sensiblement flatté et bien honoré si vous pouviez me procurer le glorieux avantage de cette belle décoration, et quelle obligation ne vous aurais-je pas !

Je suis bien flatté, Monsieur, que mon fils ait fait votre connaissance.

Je vous réitère ma prière de lui continuer les bontés dont vous l'honorez ; ce sera autant à ajouter aux sentimens de la vive reconnaissance avec lesquels,

J'ai l'honneur d'être,

Monsieur,

Votre très-humble et très-obéissant serviteur,

Legrix.

Rapport des soussignés, à M. J. S. Rollac.

Nous, soussignés, François-Henri-Charles Dufay, Jacques Louis Doussin-Devoyez, François Morisson, négociant, Jacques Legrix, ancien négociant, et Marie-Céleste de Villedon, certifions avoir eu l'honorable avantage de faire la connaissance de M. Peffau de la Tour, qui crut devoir nous faire les ouvertures suivantes :

1°. Le 30 décembre 1813, M. Jules de la Tour vint loger chez l'un de nous, le sieur Legrix ; sur le rapport qu'on lui fit que ledit sieur Legrix était un royaliste prononcé, et où il demeura deux mois et demi. M. de la Tour lui confia qu'il était chargé de commission de la part du Roi ; que n'ayant pu s'embarquer à Bordeaux pour aller à la croisière anglaise, il désirerait de le faire à la Rochelle. Nous tentâmes tous les moyens possibles sans pouvoir réussir, quoique nous eussions offert six cents francs à un maître de chaloupe; mais la surveillance active et extraordinaire des employés des côtes ne nous permit pas de le faire embarquer. M. Morisson, l'un de nous, et royaliste également prononcé, croyant trouver un meilleur expédient, acheta une chaloupe, et convint avec deux matelots de faire conduire M. de la Tour à la station anglaise, mais ces deux marins se dédirent par crainte, ayant déjà été pris dans une autre occasion; nous formâmes donc le projet de réduire la Rochelle au pouvoir du Roi.

2°. Jacques Legrix conduisit M. de la Tour à Chagnollet, qui est un village à une lieue de la ville, dans la maison de mademoiselle Céleste de Villedon, fidèle royaliste, pour concerter avec M. Dufay, très-proche parent de M. Larochejaquelein, qui avait été déjà dans la Vendée y faire la guerre, et même avait été nommé un des commissaires par Monseigneur le comte d'Artois, à la fin de 1795, et M. Doussin-Devoyez, qui avait été aussi dans le temps dans la Vendée en qualité de premier aumônier de l'armée royaliste commandée alors par M. Larochejaquelein.

3°. Sur la proposition de M. de la Tour, M. Doussin-Devoyez partit de suite pour la Vendée, y voir les chefs, leur faire part de notre projet, et concerter avec eux sur les moyens d'amener des troupes suffisantes pour son exécution; lorsqu'il fut assuré de leurs bonnes dispositions à seconder notre dessein, et sachant par son intermédiaire qu'il leur manquait des munitions de guerre, il retourna promptement nous en informer, et nous assura que les chefs l'attendaient pour prendre une détermination finale pour opérer; il était convenu que les troupes de la Vendée, guidées par M. Doussin-Devoyez et commandées par M. Dufay l'aîné, l'un de nous, viendraient pendant la nuit se cacher dans de vastes granges de la cabane du marais Guyot, d'après le consentement *et l'offre généreuse de François Roux, fermier de ladite cabane*, distante de cinq quarts de lieue de la Rochelle; que vers le point du jour, un nombre déterminé de troupes déguisées en paysans, et chargées de comestibles, entreraient par les cinq portes de la ville, accompagnées de charettes chargées de foin et paille suffisante pour cacher les armes; qu'aussitôt que ces troupes auraient passé les portes de la ville, elles se saisiraient de tous les gardes desdites portes, et que l'instant après elles se précipiteraient dans la ville, se réuniraient sur la place d'armes, et se porteraient ensuite sur les poudrières et l'arsenal; il était aussi convenu qu'une partie des troupes se porterait sur les côtes vis-à-vis la station anglaise, qu'on arborerait le pavillon blanc, et autres signaux dont M. de la Tour devait convenir avec ladite station anglaise pour qu'elle vînt de suite favoriser notre opération, dont la réussite nous paraissait immanquable, avec d'autant plus de raison, qu'il y avait très-peu de troupes impériales dans la ville, et que l'esprit des habitans était en général pour le Roi; toutes les autorités seraient tombées entre nos mains : mais quelle fut la surprise de M. Doussin-Devoyez à son retour vers nous, quand il apprit que M. de la Tour avait été obligé de retourner à Bordeaux (en mars 1814), à cause des heureuses circonstances de l'arrivée de Monseigneur le duc d'Angoulême dans ladite ville! Il s'est écrié avec nous : il est fâcheux que nous n'ayons pas pu exécuter notre projet, mais notre bonne volonté sera réputée pour le fait; nous aurons toujours la consolation d'avoir fait ce que nous pouvions et ce que nous devions pour notre bon et désiré Roi; nous continuerons à lui être toujours dévoués et à lui donner des preuves de notre respectueux amour, et de notre obéissance comme fidèles sujets; nous continuerons aussi nos vœux et nos prières pour la prospérité de Sa Majesté et de son auguste famille.

Nous conservons et nous conserverons avec respect et vénération les petits morceaux de ruban verd dont M. de la Tour nous a fait présent au nom de Son Altesse Royale madame la duchesse d'Angoulême.

Chagnollet, le 28 novembre 1815.

Signé, CÉLESTE DE VILLEDON ; DUFAY, ancien capitaine ; LEGRIX ; DOUSSIN-DEVOYER, chanoine régulier, prieur de Sainte-Marie, île de Rhé, vicaire général de Jean-Charles DE COUCY, évêque de la Rochelle, et MORISSON.

(N° XV.)

ADRESSE

des Volontaires royaux à cheval de la ville de Bordeaux.

« Sire,

« Vos volontaires bordelais du 12 mars, honorés par Votre Majesté des marques éclatantes de sa satisfaction et de sa bonté spéciale, nous ont envoyé porter à vos pieds le tribut de respect et d'amour, l'hommage de leur dévouement sans réserve, et de leur éternelle reconnaissance.

« Lorsqu'à l'époque mémorable inscrite sur ce brassard, monseigneur le duc d'Angoulême, avec l'intrépidité d'un Bourbon, est venu presque seul frapper à nos portes, répondre à nos cœurs, nous annoncer, en votre nom, et transmettre déjà lui-même l'œuvre de votre restauration et de notre délivrance, vos volontaires bordelais, Sire, se sont réunis sans se compter. Ils ont volé au-devant de l'aimable et auguste précurseur du Roi qu'ils appelaient, vous le savez, depuis si long-temps : ils l'ont escorté dans leurs murs, ils l'ont environné dans son palais ; ils l'eussent suivi au bout de l'univers; Dieu merci, il y avait encore pour nous des dangers à courir. Pendant un mois, Sire, nous avons frémi d'une sainte allégresse, en pensant que nous vous prouvions notre fidélité au péril de nos biens et de nos têtes. Nos femmes et nos enfans s'étaient dévoués, ainsi que leurs époux et leurs pères. Chaque jour, chaque moment grossissaient nos phalanges : tous les fidèles de l'Aquitaine accouraient dans Bordeaux. Avec la même alacrité, celui dont le sort avait épargné la fortune la consacrait toute entière à votre service; celui à qui il ne restait plus qu'une pièce de son champ, la vendait pour acheter un uniforme, des armes, un cheval, et venir se ranger parmi vos volontaires royaux.

« Sire, en vous parlant ainsi, nous songeons bien moins à vous retracer comment nous vous avons servi, qu'à vous montrer comment vous étiez désiré, et combien vous êtes chéri.

« Notre récompense, il faut le dire, a égalé notre zèle; elle a été dans le charme que nous goûtions à remplir le plus doux, comme le plus saint des devoirs; elle a été dans la certitude que les transports de notre amour arriveraient à notre Roi par l'organe du Prince, qui les sentait avec nous et les inspirait avec lui ; elle a été dans les proclamations de ces généreux alliés, qui, sur leur route, criaient aux sujets fidèles, mais incertains : *Imitez Bordeaux!* Elle est aujourd'hui dans la permission que vous nous donnez, Sire, de paraître devant vous, dans le bonheur de contempler ce visage royal et paternel, où respirent la sérénité de la vertu, les méditations de la sagesse et les inspirations de la bonté. Elle est enfin cette récompense dans la glorieuse distinction que Votre Majesté a daigné nous accorder, et dont, sous ses yeux, nous nous parons pour la première fois. Symbole inappréciable, Sire ; c'est l'ère de la France renaissante, c'est le chiffre de *Louis-le-Désiré*, c'est le ruban que nous envoya madame la duchesse d'Angoulême, la nièce de votre sang et la fille de votre cœur, l'ange de la France, comme vous en êtes le père. Ah ! Sire, Votre Majesté concevra qu'une fois marqués de ce signe sacré, nous ne puissions plus le quitter un instant. Si, dans sa forme actuelle, il appartient à l'appareil militaire, et doit rendre invincibles ceux qui le portent, vous permettrez que, dans le costume de paix, nous le réunissions au lis, signe commun de ralliement pour tous les Français. Ainsi le sentiment universel se fortifiera de toutes les impressions locales : le liseré verd de Bordeaux sera en accord avec le liseré bleu de nos braves frères d'armes de Paris; et, selon la nature des temps, cette marque resplendissante de notre amour et de votre bonté devra briller alternativement parmi nous, sur les bras qui vous servent et sur les cœurs qui vous aiment. »

Réponse de Sa Majesté.

« Je reçois avec plaisir l'expression des senti-
« mens que vous me manifestez au nom des corps
« des volontaires de Bordeaux. Je n'avais pas ou-
« blié l'accueil que je reçus dans votre ville, il y
« a trente-sept ans : j'oublierai encore moins que
« les premiers instans de bonheur que j'ai éprou-
« vés après de longues peines, c'est à votre ville
« que je les ai dus. J'accorde avec plaisir la de-
« mande que vous me faites. » (1)

---

(1) MM. le chevalier de Gombault, le comte de Fages, Eugène de Saluces, le colonel Roger, G. Bontems-Dubarry, de Rasac, de Ville-Bois, de Canolle, de Brachet, Grifon et Thévenot-d'Aunet, furent les députés de leurs corps pour présenter cette adresse.

(N° XVI.)

EXTRAIT DU DISCOURS

de *Lord Liverpool à la Chambre des Pairs,*
23 *mai* 1815.

On pourrait cependant faire l'objection suivante : « Le gouvernement britannique, les Alliés en général *n'étaient-ils pas prêts à faire la paix avec le dominateur actuel de la France, au mois de mars* 1814, *à Châtillon ?* Eh bien ! pourquoi ne pas faire maintenant la paix avec lui ? »

J'observerai, en réponse à cette objection, que, lors des négociations de Châtillon, non-seulement *Buonaparté était en possession incontestée du gouvernement de France*, mais même que *jusqu'aux événemens qui eurent lieu à Bordeaux, il n'y avait aucune apparence d'opposition à son pouvoir*. Je dois ajouter aussi que les Alliés, bien loin de négliger la chose, portèrent au contraire toute leur attention sur le défaut de sûreté dans la paix qui serait faite avec cet homme. Mon noble ami, qui représentait alors les intérêts de ce pays-ci, *avait reçu des instructions éventuelles qui l'autorisaient à varier sa marche, s'il survenait quelque événement qui pût rendre la chose convenable ;* mais je le répète encore une fois, *jusqu'à la révolution de Bordéaux, il ne se manifesta aucune disposition hostile envers Buonaparté.* La question de *la paix par rapport à lui* resta conséquemment alors comme vis-à-vis d'un homme qui avait *la possession absolue et non disputée du pays ;* mais *aujourd'hui* il en est autrement, car il y a toute raison de croire que *les sentimens du gros de la nation française sont contre lui.*

(N° XVII.)

EXTRAIT
DU RAPPORT INÉDIT, etc.,

QUI TERMINE LA BROCHURE INTITULÉE :

LA DUCHESSE D'ANGOULÊME A BORDEAUX,

Imprimée à Versailles, chez A. LEBEL, Imprimeur du Roi. — 1815.

LA révolution de mars 1815 a été opérée à Bordeaux précisément par les moyens contraires à ceux qui ont facilité celle du mois de mars 1814. Avant de développer ces derniers, je crois devoir faire connaître les dispositions des habitans de cette ville, parce que ces dispositions sont encore les mêmes dans ce moment.

En mars 1814, la grande majorité des propriétaires étaient fatigués de la domination de Buonaparte : et si l'on ne pouvait supposer qu'ils ne fussent en général très-disposés à un soulèvement, il était probable qu'ils le favoriseraient, excités par un assez grand nombre de gentilshommes bien intentionnés; et on pouvait compter sur la masse du peuple, à quelques exceptions près.

Cependant, ces dispositions n'auraient pas suffi, sans les circonstances favorables qui en ont facilité le développement.

Certainement, si une force militaire imposante eût été en présence, il eût été fou de rien entreprendre; mais Bordeaux n'était contenu que par environ cinq cents soldats, et le général qui commandait fut bientôt convaincu qu'il ne pouvait résister aux forces anglaises qui étaient attendues : il se retira.

Le préfet et le commissaire général de police avaient reçu du sénateur Cornudet, commissaire extraordinaire du gouvernement, l'ordre de quitter le département aussitôt que l'ennemi y serait entré; mais je ne doute pas que le mouvement n'eût eu également lieu, quand même les autorités civiles n'auraient pas quitté la ville, parce qu'avec le secours des forces anglaises, *j'aurais* rendu inutile la faible opposition que *j'aurais* eue à combattre. Néanmoins, *je me suis* trouvé heureux de n'en pas avoir besoin; et ce ne fut pas sans beaucoup d'avantages que *je me vis* dégagé de toutes les entraves qui sont la suite de la division des pouvoirs.

Il existait une probabilité d'opposition qui eût été plus embarrassante; c'est celle dont aurait pu faire usage la garde urbaine, que *j'avais été* forcé de laisser former dans le sens du gouvernement, parce que *si j'avais voulu* faire contrarier son organisation, *j'aurais mis mes projets trop à découvert.*

Pour faire comprendre pourquoi cette garde nationale était à craindre, je suis forcé de dire *que la majeure partie des citoyens qui tiennent au tiers-état, et surtout les négocians, sont attachés au gouvernement* de Buonaparte. On aurait de la peine à le croire, quand on pense que, sous son gouvernement, toutes les opérations commerciales ont été anéanties ; mais il ne faut pas perdre de vue que les effets de la révolution se perpétuent, parce que la cause principale n'a pas cessé d'exister. Cette cause est la vanité des individus composant la classe moyenne de la France. Ayant fait la révolution par jalousie des avantages de la classe supérieure, ils jouissaient de son abaissement, ils voyaient leurs enfans, leurs parens, leurs amis, les leurs enfin, élevés dans les grades supérieurs de l'armée, dans les tribunaux et les administrations; et ils craignaient de perdre ces avantages, en changeant de gouvernement.

J'avais donc lieu d'appréhender ce que pouvait faire cette garde nationale ; mais le secret ayant été étonnament bien gardé jusqu'au moment décisif, *je jugeai* qu'elle serait frappée de stupeur et comprimée par la présence des troupes anglaises, et qu'enfin, voyant la masse du peuple seconder l'élan donné par son premier magistrat, qui avait sa confiance, sa mauvaise volonté deviendrait impuissante : c'est ce qui arriva.

(N° XVIII.)

ORGANISATION

*de l'Institut royaliste (sous le nom d'*Institut Philantropique*), formé à Bordeaux en vertu de la lettre de S. A. R.* Monsieur, *adressée à madame la Marquise de Donissan, en* 1796.

Commissaire du Roi.

M. Dupont.

Conseil intime et secret.

Madame la marquise de Donissan.

MM. Dudon père. MM. Magnan.
Dudon fils. Papin.
Deynand.
l'abbé Jagault (voyageur envoyé en Angleterre auprès de S. A. R. Monsieur).
Queyriaux aîné (chargé de la correspondance et des rapports).

Conseil général.

MM. Brochon père.
 Duchêne de Beauma-
  noir.
 Gassiot père.

MM. Gibert de Moras.
 Duboucher.
 Laville, notaire.
 Brossac, secrétaire.

Présidens d'Arrondissemens.

MM. Cosse.
 Letellier.

M. Latour.

Chefs d'Arrondissemens à Bordeaux.

MM. Dupouy.
 Estebenet.
 Archebold.
 Marmajour.

MM. Hons.
 Bergeret.
 Barbe.

Adjoints.

MM. Decours.
 Arnauzan.

MM. Devaux.
 Laborde.

Trésorier et Payeur.

M. Prunier.

Adjoint pour les opérations de la comptabilité.

M. Dumas (agent de change).

Chefs d'Arrondissemens hors de Bordeaux.

En Médoc.

MM. Magnol et Moreau.

A Lateste.

M. Turquault.

etc., etc., etc.

État militaire.

Nota. J'ai cru qu'il suffirait de nommer, autant que possible, les chefs et officiers, le nombre d'hommes par compagnie étant à-peu-près illimité, et le total s'élevant environ à 10,000 hommes dans Bordeaux et ses arrondissemens.

État-Major.

M. le duc DE LORGES, général en chef (1).

M. Papin, général commandant la division de la Gironde.

M. de Maillan, major-général.

Après le décès de M. de Maillan,

M. Pascal Sabès.

M. Em. Labarthe, chef d'état-major.

M. Détravaux, adjoint au chef d'état-major et voyageur.

---

(1) Ce seigneur devait rentrer en France pour prendre le commandement, et procéder à la formation des divisions de cette armée, trop nombreuse pour le petit nombre d'officiers alors en activité et nommés ci-après.

Suite de l'État-Major.

MM. Queyriaux aîné, } aides-de-camp, et secrétaires de
Sèvène, } l'état-major.

MM. d'Hyribarens, } aides-de-camp.
Paris-d'Auch, }

M. Gaultier, major, attaché à l'état-major.

M. J. S. Rollac, capitaine adjoint à l'état-major, et chargé des poudres et cartouches.

M. Barrière-Laberne, capitaine à Saint-Macaire, et adjoint à l'état-major.

MM. Boyer et Clairval, aumôniers.

M. Archebold, médecin.

M. Jonquet, chirurgien.

Régimens en activité à Bordeaux.

Artillerie.

M. Pascal Sabès, chef d'artillerie, adjudant-général.
(Six pièces de canon.)

Cavalerie.

MM. de la Complaye, chef supérieur.
de Ségur, colonel
Toupi-Lavalette, major.
Gaumondie-Lachausserie, aide-major.
Roger, capitaine de la compag. des Guides à cheval
Pitar-Laclothe, lieutenant.
(Six cents hommes effectifs.)

Infanterie.

MM. Merlhe, colonel.
Paris, lieutenant-colonel.
Gauthier, major.
Bacqué, adjudant et chargé de distribuer les ordres.
Ducru, quartier-maître.
Anglade, aumônier.

Compagnie d'élite, servant d'Éclaireurs.

MM. Latour-Olanier, capitaine.
Estrade, lieutenant et voyageur.
Destang, sous-lieutenant.

Nota. Cette compagnie, très-nombreuse, était formée de l'élite de la jeunesse bordelaise, tous du courage le plus entreprenant ; c'était elle qui était chargée de tous les coups de main, et particulièrement de sauver à main armée les *victimes royalistes* dévouées à l'échafaud révolutionnaire.

Compagnies.

Capitaines.	Lieutenans.
MM. Verdale.	MM. Gaudin.
Chaliva.	Véran.
Eyquem.	Perrier.
Dervieux.	Dupuch.
Gérus.	Pleu.
Renard.	Fieuzal.
Malartic.	Lavidalie.
Angaud.	Faget jeune (négociant).
Faget aîné (négociant).	. . . .
. . . .	. . . .

Régiment sédentaire.

MM. De Meslon, colonel.
    d'Arcamon, lieutenant-colonel.
    Seignouret, major.

Capitaines.	*Lieutenans.*
MM. Beaulieu père.	MM. Brussac.
Poupard.	Lafitte.
Devaux.	Bersac.
Chabrilla.	Roquet père.
Deschamps.	Planet.
Dubosc.	. . . .
Sabès aîné (frère du major-général.	
Andrieux.	. . . .
Rollac (adjoint à l'état-major.)	. . . .

Nota. Je regrette beaucoup de n'avoir pu me procurer les noms de tous MM. les officiers; mais les circonstances où nous nous sommes trouvés, suffisent pour excuser le désordre qui a dû nécessairement se glisser dans nos papiers, et la perte de beaucoup de notes, dont l'existence pouvait compromettre tant de braves, si elles eussent tombé entre les mains de nos ennemis.

En Médoc.

MM. Descharmes, commandant.
    Magnol, major (chef d'arrondissement).

MM. Moreau, aide-major (chef d'arrondissement).
Taffard de Saint-Germain, capitaine.

Nota. Voilà les seules notes que j'aie pu me procurer; mais quelque incomplet que soit ce travail, il doit suffire pour prouver l'existence de l'organisation d'alors.

(N° XIX.)

ÉTAT NOMINATIF

des Personnes qui, conduisant, exécutant, et favorisant le projet (conçu par l'une d'elles, et ensuite autorisé par Sa Majesté LOUIS XVIII) *pour la restauration de l'auguste famille de Bourbon au trône de France, son héritage légitime, amenèrent et opérèrent à Bordeaux la journée à jamais mémorable du 12 mars 1814 ; journée qui donna l'impulsion au reste du Royaume, et détermina la* PAIX DE L'EUROPE.

NOMS DES ILLUSTRES ÉTRANGERS

qui, ennemis de l'usurpateur et amis du Roi et de la France, favorisèrent les mesures prises par Sa Majesté LOUIS XVIII *et ses sujets fidèles, pour le bonheur de la France et la paix du Monde :*

Son Altesse Royale le PRINCE RÉGENT des Royaumes-Unis de la Grande-Bretagne, etc., et Son Conseil.

Eux seuls favorisèrent les mesures adoptées par le roi de France, et qui leur furent confidentiellement communiquées par Sa Majesté, lorsque les armées britanniques marchaient en Espagne contre l'usurpateur, tandis que les puissances continentales coalisées l'humiliaient d'un autre côté.

Le très-honorable M. ARBUTHNOT,
Sous-Secrétaire d'Etat.

Ce fut ce ministre de Sa Majesté Britannique qui, en 1810, reçut les communications privées de M. J. S. Rollac, et daigna y donner assez d'attention pour les juger dignes d'être présentées à M. Perceval, alors premier ministre ; et ce fut lui qui ensuite reçut les communications officielles du ministre français, S. E. M. le comte de la Châtre, et entama ministériellement cette heureuse négociation.

Son Excellence M. le Duc de WELLINGTON,
Général en chef des armées britanniques en Espagne et dans le sud de la France;

et M. le Maréchal Lord BERESFORD.

M. le duc de Wellington accueillit favorablement les députés de la ville de Bordeaux ; et après leur avoir généreusement et fortement observé tout le danger de leur louable entreprise, il consentit cependant à accorder seize cents hommes, commandés par M. le maréchal lord BERESFORD, pour la garde de Son Altesse Royale Monseigneur le Duc d'Angoulême, qu'il fit escorter jusqu'à Bordeaux à sa rentrée en France. Ce fut le maréchal *Beresford* qui précéda le prince et reçut le premier les preuves de la fidélité bordelaise au souverain légitime, au moment critique et décisif où les puissances continentales du Nord paraissaient inclinées à traiter avec l'usurpateur ou sa famille.

LE GÉNÉRAL LORD DALHOUSIE.

Lord Dalhousie entra dans Bordeaux avec Son Altesse Royale Monseigneur le duc d'Angoulême ; et, ayant pris le commandement des troupes, au départ du maréchal Béresford, sa conduite y fut si belle, que la ville, pour lui témoigner sa reconnaissance, lui vota et présenta une épée avec cette inscription : *La ville de Bordeaux reconnaissante à lord Dalhousie.*

M. LE BRIGADIER-GÉNÉRAL TRANT.

Ce fut ce loyal officier qui, aussitôt qu'il eut

appris à Londres, par M. J. S. Rollac, les dispositions secrètes des Bordelais, etc., en faveur du souverain légitime, s'empressa d'en faire donner communication au duc de Wellington, par le maréchal Béresford, avant qu'aucune communication directe eût pu être établie entre Bordeaux et l'armée anglaise en Espagne.

SUJETS DE SA MAJESTÉ LOUIS XVIII,

dont les travaux vraiment patriotiques, et la courageuse persévérance dans leur fidélité à la famille du souverain légitime, ont enfin été couronnés du succès que la France entière désirait avec ardeur.

Son Excellence M. le Comte de BLACAS D'AULPS.

Ce fut S. E. qui, ayant reçu à Londres les ouvertures de M. J. S. Rollac, les jugea dignes d'être portées aux pieds de Sa Majesté, et qui, d'après les ordres du Roi, prit ensuite connaissance du plan entier conçu pour la restauration, autorisa les mesures proposées par l'auteur, et en encouragea et facilita l'exécution.

Son Excellence M. le Comte de la CHATRE.

Déjà connu généralement, dans sa capacité militaire, comme un des plus braves et des plus fermes serviteurs de l'auguste maison de Bourbon, S. Ex. a prouvé, dans le grand œuvre de la restauration, qu'il réunissait à l'habileté du général d'armée toute la sagacité et la profondeur de l'homme d'Etat. Chargé par le Roi d'en suivre les opérations et d'en aplanir les difficultés (soit en s'assurant l'assistance au besoin du gouvernement britannique, et en maintenant ses dispositions favorables ; soit en dirigeant et facilitant la correspondance, alors si difficile, de Londres avec la Guienne), Son Excellence, par un zèle infatigable et les talens modestes, mais irrésistibles d'un habile conciliateur, a fait le plus grand honneur au choix du Souverain qui, l'investissant de toute sa confiance, l'a chargé de soutenir les intérêts de son peuple et de représenter son auguste personne près d'une nation aussi puissante que l'est la Grande-Bretagne.

M. le Comte Alphonse de DURFORT.

C'est l'active loyauté de ce seigneur qui facilita à l'auteur du plan de la restauration son introduction auprès des ministres de Sa Majesté Louis XVIII;

Ce fut lui qui, frappé des observations et idées émises par M. Rollac, dans le cours de quelques conversations particulières avec lui, saisit le premier toute leur étendue, et engagea les ministres de Sa Majesté à recevoir ses communications; et ce fut lui encore qui, lorsque l'auteur eut été autorisé par le Roi à faire des ouvertures privées au gouvernement anglais, obtint pour lui l'attention du ministre britannique auprès duquel il l'introduisit.

M. Jacques-Sébastien ROLLAC,

Seul auteur du plan qu'il présenta lui-même, en 1810, à M. le comte de Blacas, qui, dès-lors, autorisa M. Rollac, au nom du Roi, d'y donner suite; lui laissant *carte blanche* pour en communiquer avec les ministres de Sa Majesté britannique, et enfin le présenta à M. le comte de la Châtre, lorsque l'autorité souveraine jugea qu'il était temps de faire des ouvertures officielles au gouvernement anglais.

M. Rollac fut seul chargé de choisir et désigner les personnes qu'il jugerait dignes de la confiance du Roi pour organiser les points de la France qui devaient donner l'impulsion au reste, et pour y exécuter les ordres de Sa Majesté.

Enfin, il fut seul chargé de la correspondance; et fut seul intermédiaire entre les ministres de Sa Majesté Louis XVIII et les principaux agens dans

ces parties de la France ; agens que le Roi n'autorisa que sur la recommandation de M. Rollac. Présenté au Roi, à Paris le 13 juin 1814, avec MM. *Taffard de Saint-Germain* et *Georges Bontems-Dubarry*, S. M. daigna lui dire, ainsi qu'à ces Messieurs : « Vous m'avez bien servi ; j'ai beau-
» coup de plaisir à vous voir. »

M. TAFFARD DE SAINT-GERMAIN.

Il fut désigné par M. J. S. Rollac aux ministres de Sa Majesté (et ensuite autorisé par les pouvoirs en date du 12 mars 1813, et signés Henry et compagnie, par S. Ex. le comte de la Châtre, agissant pour le Roi), pour organiser la province de Guienne, et s'entendre avec M. le marquis de Larochejacquelein, chargé de l'organisation de la Vendée, afin que leurs opérations et leurs mouvemens marchassent de concert.

L'événement a prouvé combien M. Taffard de Saint-Germain était digne de la confiance de Sa Majesté.

M. LE MARQUIS DE LAROCHEJAQUELEIN.

Il fut désigné par M. Rollac, aux ministres de S. M., pour s'entendre avec M. Taffard de Saint-Germain et opérer l'organisation de la Vendée, où son nom seul suffisait pour rallier tous les royalistes, et sa voix pour en faire mouvoir tous les habitans.

Il partit le 19 février 1814 avec M. Queyriaux jeune pour joindre Monseigneur le Duc d'Angoulême à St. Jean-de-Luz. Le nom de Larochejaquelein, dans l'histoire du royalisme, est un de ceux dont on ne doit jamais tenter l'éloge; l'avoir prononcé, l'avoir tracé, c'est avoir tout dit, tout écrit.

MM. QUEYRIAUX aîné, et Louis DE CLÉRANS, Chevaliers de Saint-Louis.

Ils furent désignés par M. Rollac, aux ministres de Sa Majesté, comme méritant toute la confiance du Roi, pour assister en tout M. Taffard de Saint-Germain. En cas d'accident qui eût privé Sa Majesté des services de ce dernier, ces MM. devaient le remplacer. Dans toutes les périodes de la révolution, leur zèle et leur dévouement pour le souverain légitime n'ont jamais varié.

M. Georges BONTEMS-DUBARRY fils.

M. Taffard de Saint-Germain (avant d'avoir aucune connaissance du plan de M. Rollac), chargea M. Bontems d'une lettre de recommandation pour M. Rollac à Londres, ainsi que d'instructions verbales sur l'état moral et physique de la France. Ensuite, ayant été présenté par M. Rollac aux ministres de Sa Majesté, il fut employé activement et immédiatement renvoyé à Bordeaux, investi de toute la confiance ministérielle. Chargé depuis, par M. Taffard de Saint-Germain (le 2 mars 1814), d'une dépêche pour Son Altesse Monseigneur le Duc d'Angoulême, alors à Saint-Sever, ce fut lui qui eut le bonheur de déterminer le général duc de Wellington (déjà sollicité en vain à cet effet par M. le marquis de Larochejaquelein, arrivé quelques jours auparavant), à donner au Prince français l'escorte qui l'accompagna à Bordeaux; enfin, ayant obtenu l'attention et l'estime particulière du Prince français et des généraux anglais, il fut employé à l'état-major d'une maniere assez distinguée pour lui mériter le certificat le plus honorable. (*Voy. n° VII, Pièces justificatives*).

M. Julien PEFFAU DE LA TOUR.

Désigné par M. Rollac, aux ministres de Sa Majesté, pour porter à M. Taffard de Saint-Germain, de Londres à Bordeaux, les premières dépêches ministérielles (en date du 12 mars 1813), et pour ouvrir les communications avec la Guienne, il exécuta honorablement sa mission, qui fut couronnée du succès le *jour même où elle devait finir*. (*Voy*. son certificat, n° VI, *Pièces justif*.)

M. DE PERRIN.

Envoyé de Sa Majesté près M. Taffard de Saint-Germain, avec une lettre d'introduction donnée par M. Rollac, sur la demande qui lui en fut faite par M. le comte de Blacas, ce fut lui qui fut porteur du ruban verd de MADAME, Duchesse d'Angoulême, demandé par M. Rollac pour le faire passer à M. Taffard de Saint-Germain.

M. JACQUES ROLLAC, fils aîné.

Investi, malgré sa jeunesse, de toute la confiance de son père J. S. Rollac, et de celle de MM. Taffard de Saint-Germain et de Latour, ce fut sous son couvert, et le plus souvent par lui-même, que s'entretint la correspondance royaliste de Bordeaux à Londres. Après le succès de la journée du 12 mars 1814, et en l'absence de son père, il fut présenté, à Bordeaux, à Son Altesse Royale Monseigneur le Duc d'Angoulême, par M. le marquis de Larochejacquelein et M. de la Tour, et il en reçut l'accueil le plus gracieux.

M. ROGER, Colonel et Chevalier de Saint-Louis.

C'est un de ces braves dont le nom seul est un éloge complet..... En le désignant aux ministres de S. M. et à M. de la Tour, lors de sa mission, j'avais insisté pour que M. Roger ne fût prévenu qu'au moment de l'action, parce que je craignais les effets de la surveillance de la police à son égard; cependant, comme on l'a vu, c'est un de ceux qui, encore dans cette affaire, a bravé tous les dangers pour lui-même, sans exposer ses collaborateurs, quoiqu'il se trouvât initié au plan beaucoup plutôt que je ne l'avais recommandé.

MM. MARMAJOUR et BACQUEY.

M. Marmajour ayant été employé en 1797, comme adjudant-major de l'organisation royale, fut chargé par M. Taffard d'opérer le rassemblement, et, se dévouant avec un zèle infatigable, il rallia la majeure partie de l'ancienne organisation.

M. Bacquey, adjudant aide-major dans l'ancienne organisation, connaissait tous les anciens sous-officiers de l'organisation primitive, et il fut chargé par M. Marmajour de faire les recrutemens et de porter les ordres, ce dont il s'acquitta avec tout le zèle d'un brave royaliste. Ces messieurs coururent les plus grands dangers.

La VILLE DE BORDEAUX en masse, et la PROVINCE DE GUYENNE,

représentées par M. LYNCH, Maire de la ville, et par le Conseil et la Garde Royale de Bordeaux.

M. Lynch, aux premières ouvertures qui lui furent faites par M. Taffard, quinze jours avant l'événement du 12 mars 1814, manifesta d'heureuses dispositions, et ce fut lui qui, en sa qualité de maire, fut chargé de proclamer Sa Majesté Louis XVIII à Bordeaux.

Le Conseil et la Garde royale de Bordeaux avaient été formés par M. Taffard de Saint-Germain, pour opérer suivant les ordres et les circonstances ; aussi furent ils prêts pour marcher au-devant de Son Altesse Royale Monseigneur le Duc d'Angoulême, et pour proclamer Sa Majesté Louis XVIII.

Ce fut cette Garde royale qui fit le service auprès du Prince chéri, pendant tout le temps que la ville de Bordeaux eut le bonheur de posséder son auguste personne.

C'est aux membres composant cette troupe fidèle que Sa Majesté (en témoignage authentique des services rendus à la France par la province de la Guienne) a daigné accorder l'honorable brevet du Brassard ; et que depuis, sur la demande des députés du corps des volontaires royaux à cheval, à leur présentation à Paris, Sa Majesté a également octroyé la permission de se décorer du précieux ruban verd que la Princesse adorée (Son Altesse Royale, MADAME, Duchesse d'Angoulême) avait accordé à la sollicitation de M. Rollac, par l'organe de M. le comte de Blacas. Sa Majesté leur accorda en outre sa gracieuse permission, pour que ce ruban supportât un bijou décoré du chiffre (cher à tous les Français) de l'auguste famille de Bourbon, au milieu d'un soleil d'or. (Voyez l'*Adresse des Volontaires*, etc., n° XV, *Pièces justificatives*.)

Enfin, on doit à une observation loyale de M. le duc de Wellington, qui sait apprécier le sentiment, le bonheur de pouvoir terminer cet état nominatif par le nom de

LA VILLE DE TOULOUSE.

Citer les paroles que ce grand capitaine adressa à MM. Rollac, Taffard de St.-Germain et Bontems, lorsqu'ils eurent l'honneur de lui être présentés à Paris, après l'heureux succès de leurs travaux, c'est, en rendant justice à la ville de Toulouse, lui assigner la seconde place dans l'immortalité (quand les circonstances ont donné la première à Bordeaux), pour le dévouement absolu que ces deux villes ont manifesté dans l'événement qui a produit la restauration.

M. le duc de Wellington, en parlant de l'heureux événement de la restauration de nos Princes légitimes au trône, venait de dire : « Si le mouve-
« ment de Bordeaux avait tardé huit à dix jours,
« les Alliés étaient déterminés à traiter avec Bona-

« parte ou la Régence, et c'est moi qui le premier
« en ai donné connaissance aux Alliés, par un
« courrier extraordinaire qui arriva quelques heures
« avant que Bonaparte en eût la nouvelle, ce qui
« amena la dissolution du congrès de Chatillon. »
Puis il ajouta : « Et aussi la petite ville de Toulouse
« mérite une place dans l'histoire; car j'ai dit aux
« députés qui sont venus vers moi, ce que je vous
« avais dit à vous (s'adressant à M. Bontems), que
« l'on était en pour-parler pour traiter de la paix,
« et que si elle avait lieu, je serais obligé de les
« abandonner; néanmoins ils persistèrent dans leur
« courageuse résolution! »

Nota. Ce furent MM. O'Kelly et de Beausset qui furent chargés de porter à S. A. R. Monseigneur le duc d'Angoulême, à son arrivée à l'armée du duc de Wellington, les vœux de la ville de Toulouse, et ces Messieurs s'y rencontrèrent avec MM. de Larochejaquelein et Bontems Dubarry.

FIN.

DE L'IMPRIMERIE D'ADRIEN ÉGRON,
IMPRIMEUR DE S. A. R. MONSEIGNEUR DUC D'ANGOULÊME,
rue des Noyers, n° 37.

ERRATA.

Pag. 44, lig. 18; *au lieu de* : pectables; *lis.* respectables.
— 67, — 12; avant de risquer; *lis.* avant de rien risquer.
— 71, — 16; cette ville dût-elle; *lis.* cette ville ne dût-elle.
—108, — 18; sont près; *lis.* sont prêts.

Conformément à la loi, et pour assurer la propriété de l'auteur, cinq exemplaires ont été déposés au ministère de la police générale.

Tout exemplaire non signé par l'auteur sera regardé comme contrefait.

www.ingramcontent.com/pod-product-compliance
Lightning Source LLC
Chambersburg PA
CBHW071934160426
43198CB00011B/1393